PRENTICE HALL
WORLD STUDIES
The UNITED STATES and CANADA

Guía de estudio de lectura y vocabulario

PEARSON

Prentice Hall

Boston, Massachusetts
Upper Saddle River, New Jersey

Pearson Prentice Hall™ is a trademark of
Pearson Education, Inc.
Pearson® is a registered trademark of Pearson plc.
Prentice Hall® is a registered trademark of
Pearson Education, Inc.

ISBN 0-13-251644-6

2 3 4 5 6 7 8 9 10   08

Contenido

Capítulo 5 Canadá

Cómo usar este libro

La Guía de estudio de lectura y vocabulario se diseñó para ayudarte a comprender el contenido de World Studies. También te ayudará a construir tus destrezas de lectura y vocabulario. Por favor, tómate el tiempo necesario para revisar estas dos páginas a fin de que veas cómo funciona este libro.

Las páginas de Resumen de la Sección proporcionan un resumen fácil de leer para cada sección.

Se presenta un resumen de las ideas más importantes de la sección.

Los encabezados grandes en color azul corresponden a los encabezados grandes en color rojo de tu libro de texto.

Este icono te indica cuándo debes responder a la pregunta de Verifica tu lectura.

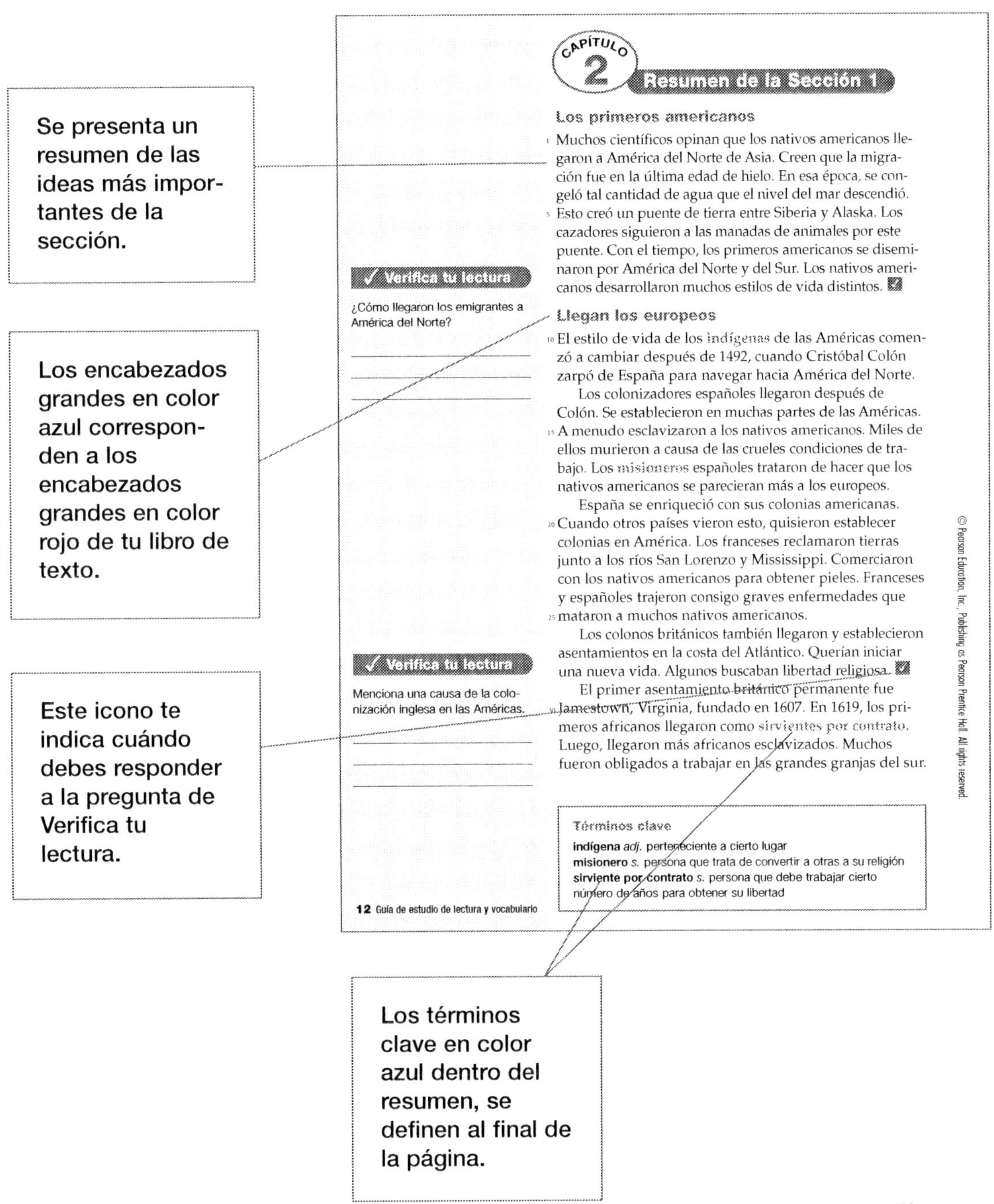

Los términos clave en color azul dentro del resumen, se definen al final de la página.

Las preguntas y actividades en los márgenes te ayudarán a tomar notas de las ideas principales, así como practicar el Objetivo de la destreza de lectura y la Estrategia de vocabulario.

Guerra Civil y Reconstrucción

En el siglo XIX, el algodón era un cultivo importante para Estados Unidos. Con la Revolución Industrial, la demanda de algodón creció. Hacía falta mucha gente para cultivar algodón, de modo que los esclavos eran imprescindibles. Los algodoneros querían expandirse hacia el oeste y también deseaban mantener allí el sistema de esclavitud. Esto provocó un grave cuestionamiento: ¿Quién debía decidir la continuidad de la esclavitud en la creciente nación?

El debate sobre la esclavitud creció. La mayoría de los sureños la favorecía. Sin embargo, miles de norteños se volvieron abolicionistas. Muchos ayudaron a los esclavos a escapar a Canadá, donde la esclavitud era ilegal.

Abraham Lincoln, un norteño, fue electo presidente en 1860. Muchos sureños creyeron que tendrían poca representación en el gobierno. Algunos estados del Sur optaron por la secesión, o separación, de Estados Unidos. Fundaron un nuevo país llamado Estados Confederados de América, o la Confederación. El norte se conoció como la Unión.

En 1861 estalló la Guerra Civil entre la Unión y la Confederación. En 1863, Lincoln emitió la Proclamación de Emancipación. Los esclavos de la Confederación fueron declarados libres. La Unión ganó la Guerra Civil en 1865. Menos de una semana más tarde, Lincoln fue asesinado. Su vicepresidente, Andrew Jackson, trató de hacer realidad el proyecto de Reconstrucción de Lincoln. Pero el Congreso se opuso. Envió al Ejército de la Unión a controlar el sur. Por fin, en 1877, el Ejército de la Unión se retiró. Los legisladores sureños votaron poco después por la segregación de blancos y negros. Estados Unidos era un solo país, pero aún no comenzaba la lucha por la igualdad.

Preguntas de repaso

1. ¿Cómo fue que Estados Unidos aumentó su territorio?

2. ¿Por qué la gente se mudó a las ciudades del noreste?

Términos clave

abolicionista *s.* persona que está en contra de la esclavitud y lucha por terminar con esta práctica

segregación *s.* separar, sobre todo por motivos de raza o religión

---

Objetivo de la destreza de lectura

Continúa la lectura para ver cómo la esclavitud afectó la historia de la nación. ¿Qué descubriste?

Estrategia de vocabulario

¿Qué crees que significa el término *secesión* del párrafo entre corchete? Usa las claves de contexto para escribir una definición de la palabra. Encierra en un círculo las palabras o frases del texto que te sirvieron para escribir la definición.

✓ Verifica tu lectura

¿Por qué algunos estados sureños optaron por la secesión de Estados Unidos?

Usa los renglones provistos para responder a las preguntas. También puedes usar los renglones para tomar notas.

Cuando veas este símbolo, marca el texto como se indica.

Las preguntas al final de cada sección y de cada capítulo te ayudarán a repasar el contenido y a evaluar tu comprensión.

Evaluación del Capítulo 2

reen los científicos que llegaron los primeros nativos ame-

del Norte
del Sur

cimiento alentó a los inmigrantes y agricultores a buscar as ciudades?
ra de Luisiana
e Reubicación de Indígenas
ución Industrial
a Civil

3. La Primera Guerra Mundial estalló en Europa en 1914 y terminó en ____________, con la victoria de ____________.
A. Pearl Harbor, las Potencias Centrales
B. 1917, Turquía
C. 1918, los Aliados
D. Estados Unidos, los Aliados

4. La ayuda de Canadá para obtener la victoria en la Primera Guerra Mundial, permitió que se convirtiera en
A. una colonia británica.
B. una potencia mundial.
C. una colonia francesa.
D. otro participante de la Guerra de 1812.

5. ¿Qué permite que los barcos naveguen entre los Grandes Lagos y el océano Atlántico?
A. El Canal Marítimo de San Lorenzo
B. El río Cuyahoga
C. El Canal de Panamá
D. El río Mississippi

Pregunta de respuesta corta

¿Por qué Estados Unidos y Canadá cooperan en problemas del medio ambiente?

Una perspectiva global

Estados Unidos y Canadá forman parte de América del Norte. El océano Atlántico se encuentra al este y el océano Pacífico al oeste. Al norte de Canadá está el océano Ártico. Al sur de Estados Unidos se encuentran México y el Golfo de México. Estado Unidos también incluye Alaska y Hawai.

Accidentes geográficos

Estados Unidos y Canadá forman una gran masa continental. Las montañas Rocosas se extienden por el lado occidental del continente. Las Rocosas forman la cordillera más grande de América del Norte. Los montes Apalaches forman otra importante cordillera en Estados Unidos. Esas montañas se unen con las tierras altas Lorentina, una cordillera de Canadá.

Una enorme área de llanuras separa las Rocosas de los Apalaches. En Canadá, la zona recibe el nombre de Llanuras del Interior. En Estados Unidos se llaman Grandes Llanuras y Llanuras Centrales. El suelo de la región es muy rico. Otra llanura fértil, la llanura del Golfo-Atlántico, se extiende por las costas occidental y sur de Estados Unidos. Estas tierras llanas y ricas atrajeron a los colonizadores.

La Gran Cuenca está al oeste de las Rocosas. Contiene el Valle de la Muerte y el Gran Lago Salado. Hay tres cordilleras en el lejano oeste. Las Cordilleras Costeras se elevan junto al océano Pacífico, la Sierra Nevada está en California y la cordillera de las Cascadas se encuentra en Washington y Oregón. En algunas cordilleras hay glaciares. Los glaciares se formaron cuando numerosas capas de nieve se comprimieron, se derritieron un poco y luego se volvieron hielo.

Las Cordilleras Costeras continúan por la costa del océano Pacífico de Canadá. Al este de las Llanuras del Interior está el Escudo Canadiense. Es una enorme región de rocas que cubre casi la mitad de Canadá. El terreno es tan escarpado que pocas personas viven en ese lugar.

Términos clave

montañas Rocosas *s.* la principal cordillera del oeste de América del Norte

glaciar *s.* enorme masa de nieve y hielo que se mueve lentamente

---

✓ Verifica tu lectura

¿Cuáles cuerpos de agua marcan los límites de Estados Unidos y Canadá?

1. _______________________
2. _______________________
3. _______________________
4. _______________________

✓ Verifica tu lectura

¿Cuál es el gran accidente geográfico que se encuentra tanto en Estados Unidos como en Canadá, pero tiene un nombre distinto en cada país?

____

____

____

Objetivo de la destreza de lectura

Si tu objetivo es aprender sobre la geografía de Canadá, ¿cómo te ayuda el último párrafo de esta página para alcanzar tu objetivo?

____

____

____

Al sureste del Escudo Canadiense se encuentran las tierras bajas San Lorenzo. Siguen el cauce del río San Lorenzo.
35 Es la región más pequeña de Canadá. Sin embargo, allí vive más de la mitad de la población del país. La región es un centro industrial. Debido a sus fértiles tierras, allí se produce la tercera parte de los cultivos de Canadá.

Principales cuerpos de agua

Estados Unidos y Canadá tienen muchos cuerpos de agua
40 importantes. Las personas los usan para transportación, recreación e industria. Los cinco Grandes Lagos son los lagos Superior, Michigan, Hurón, Erie y Ontario. Cuatro de los lagos se encuentran sobre la frontera de Estados Unidos y Canadá. Los Grandes Lagos se formaron por glaciares
45 desde hace muchos años. Son importantes canales navegables en ambos países. ✓

El río Mississippi es el río más grande de Estados Unidos. Fluye hacia el sur desde Minnesota hasta el Golfo de México. Los ríos Ohio y Missouri son importantes
50 tributarios del Mississippi. Hoy en día, el Mississippi es una de las vías fluviales más activas del mundo.

Hay dos ríos importantes en Canadá. El Mackenzie nace en las montañas Rocosas y fluye hacia el norte hasta el océano Ártico. El segundo río importante de Canadá es el
55 San Lorenzo. Es una de las rutas de transportación más importantes de América del Norte. Fluye de los Grandes Lagos hasta el océano Atlántico. Ayuda al comercio entre Estados Unidos y Canadá. <u>Tiene esclusas y canales que permiten la navegación de grandes barcos.</u>

Preguntas de repaso

1. ¿Por qué son pocas las personas que viven en el Escudo Canadiense?

____

____

2. Menciona tres ríos importantes de Estados Unidos y Canadá.

____

____

Términos clave

Grandes Lagos *s.* el grupo de lagos de agua dulce más grande del mundo

tributario *s.* río o arroyo que fluye hacia un río más grande

Zonas climáticas

1 Las zonas climáticas de Estados Unidos y Canadá varían de ardientes desiertos a heladas regiones polares. Hay tres aspectos que afectan el clima: la ubicación, los océanos y las montañas.

5 En general, cuanto más lejos del ecuador se encuentra un lugar, más frío es. La mayor parte del territorio canadiense está muy lejos del ecuador. Por ello, la mayor parte de Canadá es muy fría.

Los océanos también afectan el clima. El agua tarda más 10 tiempo en calentarse o enfriarse. La proximidad del agua ayuda a que la tierra conserve calor en invierno y frescura en el verano. La costa occidental de Canadá tiene clima templado. Las regiones alejadas del océano suelen tener climas extremos. Por ejemplo, las Llanuras del Interior de Canadá 15 tienen inviernos muy fríos y veranos calurosos.

Las montañas afectan el clima de otra manera. Los vientos que soplan del océano Pacífico se elevan al chocar con las cordilleras. Al subir, se enfrían y sueltan su humedad. Este efecto vuelve lluviosa la costa occidental de Canadá. Cuando 20 el aire llega al otro lado de las montañas, se encuentra seco. El lado protegido de las montañas se encuentra en una sombra de lluvia. Es decir, recibe poca precipitación.

La latitud, o la distancia con respecto del ecuador, también afecta el clima de Estados Unidos. Debido a que se 25 encuentra muy lejos del ecuador, Alaska es fría durante casi todo el año. Hawai y el extremo sur de Florida están mucho más cerca del ecuador. Por eso casi siempre hace calor en esas regiones.

El océano Pacífico y las montañas afectan el clima del 30 oeste de Estados Unidos de manera similar a como los mismos factores afectan la costa occidental de Canadá. Vientos húmedos se elevan del mar y sueltan su humedad antes de cruzar las montañas. Las áreas al este de las montañas se encuentran protegidas de la lluvia y por ello son muy áridas.

35 Al este de las Grandes Llanuras, Estados Unidos tiene climas continentales. En el norte, el verano es templado y el invierno es frío y nevado. En el sur, los veranos son calurosos y los inviernos templados.

Zonas de vegetación natural

Hay cuatro tipos principales de vegetación natural, o flora, 40 en Estados Unidos y Canadá. Se denominan tundra, prado, matorral desértico y bosque.

✓ Verifica tu lectura

Menciona los tres factores que afectan el clima.

1. _______________________

2. _______________________

3. _______________________

Estrategia de vocabulario

¿Qué significa el término *sombra de lluvia* en la oración subrayada? ¿Qué claves puedes hallar en las palabras, frases u oraciones circundantes? Encierra en un círculo las palabras del párrafo que podrían ayudarte a descubrir el significado de *sombra de lluvia*.

____

____

____

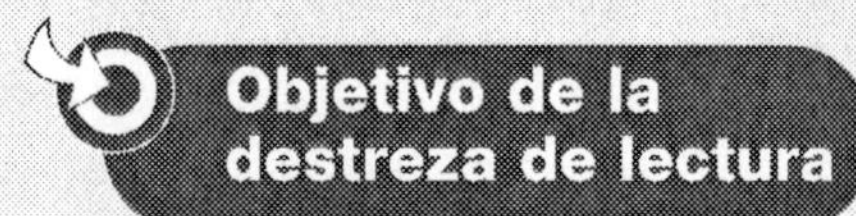

Basándote en lo que has leído hasta ahora, ¿tu predicción cumple el objetivo? De no ser así, escribe una nueva predicción en los espacios siguientes.

____

____

____

Menciona los cuatro tipos principales de vegetación natural de Estados Unidos y Canadá.

1. ________________________________

2. ________________________________

3. ________________________________

4. ________________________________

La tundra es una región fría y seca cubierta de nieve durante más de la mitad del año. Se encuentra en el extremo norte. La tundra ártica contiene permafrost. Los veranos son 45 cortos y frescos. Algunas plantas pueden crecer durante el verano. Los inuit viven allí. Los inuit son un pueblo nativo de Canadá y Alaska.

Los prados son regiones de llanuras o extensas tierras de colinas bajas cubiertas de hierba. La hierba crece en sitios 50 donde no hay suficiente agua para sostener la vida de un bosque. En América del Norte, estas tierras se llaman praderas. Las praderas más grandes del mundo se extienden desde los estados centrales de Estados Unidos hasta algunas provincias canadienses. Las provincias canadienses de 55 Alberta, Saskatchewan y Manitoba a veces reciben el nombre de Provincias de las Praderas.

Pocas plantas pueden crecer en las regiones de matorrales desérticos porque hay muy poca agua. La Gran Cuenca es una de esas regiones. Toda la extensión de la cuenca se 60 encuentra en una sombra de lluvia, entre las montañas Rocosas y la Sierra Nevada. Como se encuentra en una sombra de lluvia, la región es muy árida. No puede sostener muchas formas de vida. Sin embargo, las ovejas pueden alimentarse de los matorrales y las cortas hierbas de la región.

65 Los bosques cubren casi un tercio del territorio de Estados Unidos y casi la mitad de Canadá. Algunos son bosques de coníferas, con árboles que producen conos para transportar sus semillas. Estos bosques están poblados de pinos, abetos y piceas. Otros bosques tienen árboles caduci-70 folios. Estos árboles mudan sus hojas en el otoño. ✓

Preguntas de repaso

1. ¿Cómo afectan los océanos el clima?

____

____

2. ¿En dónde se encuentra la pradera más grande del mundo?

____

____

Términos clave

tundra *s.* región fría y árida cubierta de nieve durante más de la mitad del año

permafrost *s.* capa de suelo permanentemente congelada bajo una capa superficial de tierra

pradera *s.* región de llanuras o tierras de colinas bajas cubiertas de hierbas altas

provincia *s.* división política del territorio de Canadá

Recursos de Estados Unidos

América del Norte es la tierra de la abundancia. Tiene fértiles suelos, agua, bosques, vida silvestre, recursos de combustible y minerales. Estos recursos han dado gran riqueza a Estados Unidos y Canadá.

Demos un vistazo a los recursos de Estados Unidos. En el Medio Oeste y el Sur la tierra es rica y oscura. Junto al Mississippi y otros ríos hay tierras de aluvión. Estas áreas de buena tierra son importantes para la agricultura. Hasta principios del siglo XX, muchas granjas estadounidenses eran propiedades familiares. Desde entonces, muchas granjas han sido compradas por agroindustrias.

El agua es un recurso importante en Estados Unidos. La gente necesita agua para beber y cultivar. Las fábricas usan agua. Y la gente usa los ríos para transportar bienes. Los ríos Mississippi, Ohio y Missouri son importantes rutas de navegación. De igual forma, sirven para generar hidroelectricidad. ☑

Los bosques de América son otro recurso vital. Hay bosques en las regiones del noroeste del Pacífico, el Sur, los Apalaches y las áreas circundantes de los Grandes Lagos. Estas regiones producen madera, pulpa de madera para papel y madera para muebles.

Estados Unidos produce y usa más combustibles fósiles que cualquier otro país. Petróleo, gas natural y carbón son combustibles fósiles. Aunque Estados Unidos compra la mayor parte del petróleo de otros países, Alaska cuenta con grandes reservas petroleras. Tanto el carbón como el gas natural se encuentra en territorio de Estados Unidos. Muchas familias usan gas natural para calentar sus hogares. Las plantas eléctricas usan carbón para generar electricidad. También se usa para calentar y dar energía a numerosas instalaciones industriales.

Términos clave

tierras de aluvión *s.* capa superficial de tierra fértil que deja un río al desbordarse

agroindustria *s.* gran compañía que opera enormes granjas

hidroelectricidad *s.* energía eléctrica que se produce con el agua en movimiento

combustible fósil *s.* combustible formado durante millones de años a partir de restos animales y vegetales

---

✓ Verifica tu lectura

¿Por qué el agua es un recurso natural importante?

____

____

____

Objetivo de la destreza de lectura

Formula una pregunta acerca de los combustibles fósiles. Luego, respóndela.

Pregunta:_______________________

____

Respuesta:______________________

____

Además, Estados Unidos tiene valiosos depósitos de cobre, oro, mineral de hierro y plomo. Sólo una pequeña
35 parte de la economía depende de la minería. Pero, estos minerales son muy importantes para otras industrias.

Recursos de Canadá

Los primeros colonizadores europeos de Canadá eran cazadores de pieles, leñadores, pescadores y agricultores. Hoy en día, muy pocos canadienses se ganan la vida de esa forma.

40 Menos de 10 por ciento del territorio canadiense es adecuado para la agricultura. La mayoría de las tierras de cultivo está en las Provincias de las Praderas. Esta región produce la mayor parte del trigo y carne de res de Canadá. Las tierras bajas de San Lorenzo son otra importante región agrícola.

45 Canadá tiene más lagos que cualquier otro país del mundo. Cerca de 9 por ciento del agua dulce del planeta se encuentra en Canadá. Antes de construir los primeros ferrocarriles, la única manera de llegar a ciertos lugares del país era por agua. Ahora, los ríos San Lorenzo y Mackenzie son
50 importantes rutas de navegación.

Gran parte de la riqueza mineral de Canadá se encuentra en el Escudo Canadiense. <u>La región tiene grandes depósitos de hierro, oro, plata, cinc, cobre y uranio.</u> También hay grandes depósitos de petróleo y gas natural en las Provincias de
55 las Praderas. ✓

Los ríos de la provincia de Quebec generan hidroelectricidad. Producen tanta energía que venden algo de ella a Estados Unidos.

Casi la mitad del territorio canadiense está cubierto de
60 bosques. Canadá es el principal productor de productos derivados de la madera. Estos productos incluyen madera, papel, madera contrachapada y pulpa de madera. Columbia Británica, Quebec y Ontario producen la mayor parte de los productos derivados de la madera.

Preguntas de repaso

1. ¿Cuáles son los principales recursos naturales de Estados Unidos?

____

____

2. ¿Dónde se encuentra la mayoría de las tierras de cultivo de Canadá?

____

____

1. ¿Cuál de las siguientes es una cordillera canadiense?
   A. la Sierra Nevada
   B. los Apalaches
   C. las tierras altas Lorentina
   D. las Cascadas

2. ¿Cuál río fluye desde los Grandes Lagos hasta el océano Atlántico?
   A. Mississippi
   B. San Lorenzo
   C. Mackenzie
   D. Missouri

3. Debido a su proximidad con el mar, la costa occidental de Canadá tiene un clima ___________________.
   A. frío
   B. caluroso
   C. templado
   D. seco

4. El (La) _____________ más grande del mundo se extiende desde los estados centrales de Estados Unidos hasta Canadá.
   A. pradera
   B. tundra
   C. desierto
   D. bosque

5. ¿Qué ocurrió con las granjas familiares de Estados Unidos después de los primeros años del siglo XX?
   A. Fueron explotadas por sus depósitos minerales.
   B. Las familias compraron cada vez más tierras de cultivo.
   C. Los agricultores comenzaron a producir hidroelectricidad.
   D. Fueron adquiridas por agroindustrias.

Pregunta de respuesta corta

¿De qué manera la geografía del Escudo Canadiense afecta a Canadá?

____

____

____

____

Los primeros americanos

1 Muchos científicos opinan que los nativos americanos llegaron a América del Norte de Asia. Creen que la migración fue en la última edad de hielo. En esa época, se congeló tal cantidad de agua que el nivel del mar descendió.

5 Esto creó un puente de tierra entre Siberia y Alaska. Los cazadores siguieron a las manadas de animales por este puente. Con el tiempo, los primeros americanos se diseminaron por América del Norte y del Sur. Los nativos americanos desarrollaron muchos estilos de vida distintos. ☑

Llegan los europeos

10 El estilo de vida de los indígenas de las Américas comenzó a cambiar después de 1492, cuando Cristóbal Colón zarpó de España para navegar hacia América del Norte.

Los colonizadores españoles llegaron después de Colón. Se establecieron en muchas partes de las Américas. 15 A menudo esclavizaron a los nativos americanos. Miles de ellos murieron a causa de las crueles condiciones de trabajo. Los misioneros españoles trataron de hacer que los nativos americanos se parecieran más a los europeos.

España se enriqueció con sus colonias americanas. 20 Cuando otros países vieron esto, quisieron establecer colonias en América. Los franceses reclamaron tierras junto a los ríos San Lorenzo y Mississippi. Comerciaron con los nativos americanos para obtener pieles. Franceses y españoles trajeron consigo graves enfermedades que 25 mataron a muchos nativos americanos.

Los colonos británicos también llegaron y establecieron asentamientos en la costa del Atlántico. Querían iniciar una nueva vida. Algunos buscaban libertad religiosa. ☑

El primer asentamiento británico permanente fue 30 Jamestown, Virginia, fundado en 1607. En 1619, los primeros africanos llegaron como sirvientes por contrato. Luego, llegaron más africanos esclavizados. Muchos fueron obligados a trabajar en las grandes granjas del sur.

✓ Verifica tu lectura

¿Cómo llegaron los emigrantes a América del Norte?

____

____

____

✓ Verifica tu lectura

Menciona una causa de la colonización inglesa en las Américas.

____

____

____

Términos clave

indígena *adj.* perteneciente a cierto lugar
misionero *s.* persona que trata de convertir a otras a su religión
sirviente por contrato *s.* persona que debe trabajar cierto número de años para obtener su libertad

En 1620, los peregrinos llegaron a Massachusetts
35 procedentes de Inglaterra. Querían adorar a Dios a su
manera. Alrededor de 60 años después, William Penn
fundó la Colonia de Pennsylvania. Quería un lugar
donde todos recibieran un trato justo.

En 1754, Gran Bretaña y Francia se declararon en guerra
por tierras en América del Norte. Los británicos combatieron a los franceses y sus aliados nativos americanos. Los
estadounidenses llaman a esta guerra la Guerra Francoin-
dígena. Con ayuda de los colonos, los británicos obtuvieron
la victoria en 1763.

El rompimiento con Gran Bretaña

45 Los británicos querían que los colonos pagaran el sosteni-
miento del ejército inglés. Gravaron los bienes que los
colonos compraban a Gran Bretaña. A los colonos les pare-
ció injusto. Como los colonos no estaban representados en el
Parlamento, no podían protestar contra los impuestos. Por
50 ello, boicotearon, es decir, se negaron a comprar, los productos británicos.

Los colonos se rebelaron contra el régimen británico.
Combatieron a los ingleses en la Guerra Revolucionaria.
Después de obtener la independencia, las 13 colonias apro-
5 baron un plan de gobierno denominado Artículos de
Confederación. Sin embargo, el plan no otorgaba al
Congreso el derecho de fijar impuestos. Más tarde, las colo-
nias acordaron una forma de gobierno central más sólido.
Redactaron la Constitución, que sigue siendo la máxima ley
60 de Estados Unidos. ✓

Preguntas de repaso

1. ¿De dónde creen muchos científicos que llegaron los
primeros americanos?

____

____

____

2. Los colonos consideraban injustos los impuestos
británicos. ¿Por qué no protestaron los colonos?

____

____

____

Término clave

boicot *s.* negativa de comprar o usar bienes y servicios

Crece una nación

1 Estados Unidos no siempre fue tan grande como lo es hoy.
La Compra de Luisiana fue fundamental para el crecimiento
de Estados Unidos. El Territorio de Luisiana era propiedad
de Francia. En 1803, Francia vendió las tierras a Estados
5 Unidos por 15 millones de dólares. La venta incluyó todas las
tierras entre el río Mississippi y las montañas Rocosas. Con
ello se duplicó el tamaño de Estados Unidos.

La democracia creció a la par que el país. Al principio,
sólo los hombres terratenientes blancos podían votar.
10 Después, el voto se extendió a todos los hombres blancos,
aunque no tuvieran propiedades. Pero las mujeres, los
afroamericanos y los nativos americanos no podían votar.

Durante mucho tiempo, los nativos americanos
lucharon para conservar sus tierras. Los colonizadores
15 estadounidenses querían las tierras de los nativos americanos en el sureste. En 1830, el Congreso aprobó la Ley
de Reubicación de los Indígenas. Obligaba a los nativos
americanos a abandonar sus hogares y mudarse a la actual Oklahoma. ✓

20 Muchas personas opinaban que todas las tierras,
desde el Atlántico hasta el Pacífico, debían pertenecer a
Estados Unidos. Esta idea recibió el nombre de Destino
Manifiesto. Caravanas de vagones de colonos comenzaron a emigrar al oeste. En 1845, Texas se volvió parte
25 de Estados Unidos. Después de una guerra con México,
Estados Unidos ganó gran parte de lo que hoy forma la
región del suroeste.

Al mismo tiempo, miles de personas comenzaron a
mudarse a las ciudades del noreste. Algunas dejaron sus
30 granjas para trabajar en fábricas. Otros eran inmigrantes
europeos que buscaban los empleos que había creado la
Revolución Industrial. La Revolución Industrial cambió
la vida de los estadounidenses. Nuevas máquinas hacían
productos con mucha mayor rapidez que el trabajo manual.
35 Otros inventos facilitaron y aceleraron los viajes.

✓ Verifica tu lectura

¿Qué hizo la Ley de Reubicación
de los Indígenas?

____

____

____

Términos clave

Compra de Luisiana *s.* venta de tierras francesas en América
del Norte a Estados Unidos en 1803

inmigrante *s.* persona que se muda a otro país para vivir ahí

Revolución Industrial *s.* cambio de la fabricación manual de
bienes a la producción con máquinas

Guerra Civil y Reconstrucción

En el siglo XIX, el algodón era un cultivo importante para
Estados Unidos. Con la Revolución Industrial, la demanda
de algodón creció. Hacía falta mucha gente para cultivar
algodón, de modo que los esclavos eran imprescindibles.
40 Los algodoneros querían expandirse hacia el oeste y también
deseaban mantener allí el sistema de esclavitud. Esto provocó un grave cuestionamiento: ¿Quién debía decidir la continuidad de la esclavitud en la creciente nación?

El debate sobre la esclavitud creció. La mayoría de los
45 sureños la favorecía. Sin embargo, miles de norteños se
volvieron abolicionistas. Muchos ayudaron a los esclavos a
escapar a Canadá, donde la esclavitud era ilegal.

Abraham Lincoln, un norteño, fue electo presidente en
1860. Muchos sureños creyeron que tendrían poca representación en el gobierno. Algunos estados del Sur optaron
por la secesión, o separación, de Estados Unidos. Fundaron
un nuevo país llamado Estados Confederados de América, o
la Confederación. El norte se conoció como la Unión. ✓

En 1861 estalló la Guerra Civil entre la Unión y la
55 Confederación. En 1863, Lincoln emitió la Proclamación de
Emancipación. Los esclavos de la Confederación fueron
declarados libres. La Unión ganó la Guerra Civil en 1865.
Menos de una semana más tarde, Lincoln fue asesinado. Su
vicepresidente, Andrew Jackson, trató de hacer realidad el
60 proyecto de Reconstrucción de Lincoln. Pero el Congreso se
opuso. Envió al Ejército de la Unión a controlar el sur. Por
fin, en 1877, el Ejército de la Unión se retiró. Los legisladores
sureños votaron poco después por la segregación de blancos
y negros. Estados Unidos era un solo país, pero aún no
65 comenzaba la lucha por la igualdad.

Preguntas de repaso

1. ¿Cómo fue que Estados Unidos aumentó su territorio?

____

____

2. ¿Por qué la gente se mudó a las ciudades del noreste?

____

____

Términos clave

abolicionista *s.* persona que está en contra de la esclavitud y
lucha por terminar con esta práctica

segregación *s.* separar, sobre todo por motivos de raza o religión

Continúa la lectura para ver cómo
la esclavitud afectó la historia de la
nación. ¿Qué descubriste?

____

____

____

¿Qué crees que significa el término
secesión del párrafo
entre corchete? Usa
las claves de con-
texto para escribir
una definición de la
palabra. Encierra en
un círculo las palabras o frases del
texto que te sirvieron para escribir
la definición.

____

____

____

¿Por qué algunos estados sureños
optaron por la secesión de
Estados Unidos?

____

____

____

De 1865 a 1914

1 La Revolución Industrial facilitó mucho la vida de los ricos y la clase media. Pero no fue mejor para los pobres. Las barriadas de las ciudades estaban atestadas de inmigrantes pobres que componían una enorme fuerza de trabajo, 5 aunque los patrones pagaban muy poco.

Algunas personas trataron de escapar de la pobreza mudándose al Medio Oeste. La Ley de Heredades de 1862 dio tierras a todos los adultos que las cultivaran durante cinco años. La vida era difícil, pero la mayoría de 10 los colonos resistieron los cinco años. Los ferrocarriles aceleraron el proceso de colonización.

Estados Unidos siguió creciendo. En 1867 compró a Rusia el territorio de Alaska. Luego, en 1898, tomó el control de Hawai. Ese mismo año, Estados Unidos tomó el 15 control de Puerto Rico, Guam y las Filipinas. ✓

El mundo en guerra

Estados Unidos y la Primera Guerra Mundial

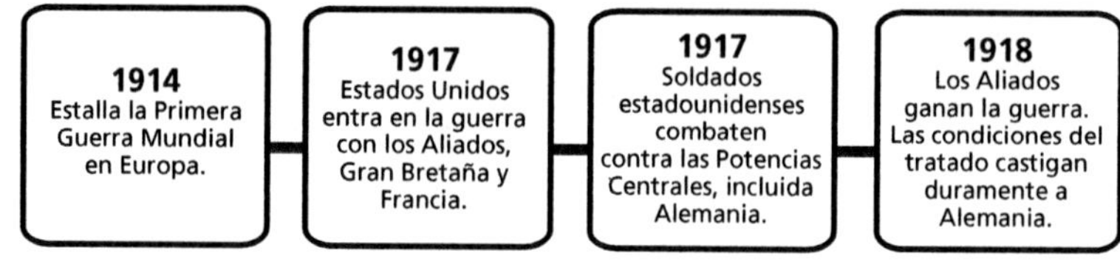

Durante los 10 años posteriores a la guerra, la economía estadounidense tuvo un auge. Las mujeres recibieron el derecho al voto. La gente compró autos y aparatos modernos. Después, en 1929, el mundo entró en la Gran Depresión. En Estados Unidos, las fábricas cerraron y la gente perdió empleos, granjas y todos sus ahorros.

La Gran Depresión fue muy dura para Alemania. Adolfo Hitler se convirtió en dictador de aquel país. Prometió recuperar la riqueza y el poder de Alemania. 25 Hitler inició la Segunda Guerra Mundial.

Verifica tu lectura

¿Cómo fue que Estados Unidos obtuvo Alaska?

____

____

____

Objetivo de la destreza de lectura

Vuelve a escribir el párrafo entre corchete. Usa menos de 25 palabras.

____

____

____

Término clave

fuerza de trabajo s. disponibilidad de trabajadores

Japón fue <u>aliado</u> de Alemania. Cuando Japón atacó la
base naval estadounidense de Pearl Harbor, Hawai, Estados
Unidos entró en guerra contra Alemania y Japón. ☑

En 1945, los Aliados derrotaron a Alemania. Después,
Estados Unidos lanzó dos bombas atómicas sobre Japón y
la guerra llegó a su fin. El mundo pronto aprendió del
horrible asesinato masivo llamado el Holocausto.

Estados Unidos dentro y fuera del país

Después de la Segunda Guerra Mundial, Estados Unidos se
convirtió en una superpotencia. Enfrentó nuevos retos dentro
y fuera del país. Después de la guerra, la Unión Soviética
tomó el control de muchos países de Europa Oriental. Estados
Unidos temía que los soviéticos trataran de diseminar el
comunismo a todo el mundo. Esto dio origen a la guerra fría
entre Estados Unidos y la Unión Soviética. No fue un conflicto armado. La guerra fría duró cerca de 40 años. ☑

La economía estadounidense tuvo un auge después de la
Segunda Guerra Mundial, pero no todos los ciudadanos se
beneficiaron de ello. Muchos afroamericanos sufrían la discriminación racial. Querían derechos civiles. Tuvieron líderes
como Martin Luther King, Jr. El éxito de su movimiento
inspiró a otros grupos.

Estados Unidos enfrenta nuevos desafíos. El 11 de septiembre
de 2001, terroristas atacaron la Ciudad de Nueva York y
Washington, D.C. En respuesta a ese tipo de ataques, Estados
Unidos inició acciones militares contra Afganistán e Irak.
También la finalidad era evitar futuros ataques terroristas.

Preguntas de repaso

1. ¿Quiénes no se beneficiaron de la Revolución Industrial?

____

____

2. ¿Quiénes lucharon por los derechos civiles después de
la Segunda Guerra Mundial?

____

____

Términos clave

Holocausto *s.* asesinato de seis millones de judíos durante la
Segunda Guerra Mundial
guerra fría *s.* período de gran tensión entre Estados Unidos y la
Unión Soviética
derechos civiles *s.* derechos básicos de todos los ciudadanos
terrorista *s.* persona que usa la violencia y el temor para alcanzar sus objetivos

---

La palabra *aliado*
está subrayada.
Usa las claves de
contexto para
deducir su signifi-
cado. Halla las
claves y enciérralas
en un círculo.

√ Verifica tu lectura

¿Qué llevó a Estados Unidos a
participar en la Segunda Guerra
Mundial?

____

____

____

√ Verifica tu lectura

Menciona los dos países involucra-
dos en la guerra fría.

1. _______________________

2. _______________________

Los franceses y los británicos

El comercio de pieles en Canadá ocasionó conflictos entre Francia y Gran Bretaña. Firmaron un tratado de paz en 1713. El tratado daba a Gran Bretaña la región de la Bahía de Hudson, Terranova y parte de Acadia. Pero persistieron las tensiones. Francia y Gran Bretaña querían mayor control.

Esto dio origen a la Guerra de los Siete Años. Gran Bretaña ganó el conflicto y tomó el control absoluto de Canadá. Muchos colonos franceses abandonaron el país. Los que se quedaron conservaron su idioma, religión y costumbres.

Durante la Revolución Americana contra Gran Bretaña, algunos estadounidenses no querían la independencia. Se les llamó leales a la corona. Después de la guerra, los leales se mudaron a Canadá. Para evitar conflictos entre los habitantes franceses y los leales, Gran Bretaña dividió Canadá en dos colonias. La mayoría de los leales se mudó a la Alta Canadá, hoy Ontario. Los canadienses franceses permanecieron en la Baja Canadá, hoy Quebec. ✓

Canadá se independiza

Los canadienses franceses y británicos querían liberarse del régimen inglés. Los dos grupos organizaron rebeliones independientes. Los británicos vencieron en ambas guerras. Los británicos trataron de impedir nuevas rebeliones unificando la Alta Canadá con la Baja Canadá. Algunas provincias no fueron incluidas. Los británicos temían el éxito de una nueva rebelión si Canadá quedaba completamente unificada. ✓

Sin embargo, los canadienses querían que todas las provincias se unificaran. En 1864, se congregaron los líderes de todas las provincias. Desarrollaron un plan para formar una unión, el cual fue aceptado por el Parlamento Británico en 1867. La Ley América del Norte Británica convirtió a Canadá en un dominio. No era un país completamente independiente, pero los canadienses podían elegir sus propios líderes y mantener un gobierno central.

Verifica tu lectura

¿Por qué Canadá quedó dividida en dos colonias?

Verifica tu lectura

¿Por qué los británicos no querían la unificación de Canadá?

Estrategia de vocabulario

En el párrafo entre corchete, la palabra *dominio* es un término clave. ¿Podrías deducir su significado sin ver la definición? Encierra en un círculo las claves de contexto del párrafo que te sirvan para deducir el significado. Luego, escribe una definición en tus propias palabras.

Término clave

dominio *s.* área autogobernada

En los años siguientes, Canadá creció y cambió. Los agricultores europeos se establecieron en las llanuras occidentales del país. Descubrieron oro y otros minerales valiosos en el Yukón. Canadá se volvió rica e importante.

Durante la Primera Guerra Mundial, los canadienses seguían siendo súbditos británicos. Cuando Gran Bretaña ingresó en la guerra, también lo hizo Canadá, enviando soldados y recursos a ultramar. Canadá colaboró en la victoria de la Primera Guerra Mundial. En consecuencia, Canadá se transformó en una potencia mundial.

Canadá: de la posguerra al presente

Durante la Segunda Guerra Mundial, los canadienses construyeron fábricas. Produjeron pertrechos de guerra y otros bienes. Una oleada de inmigrantes llegó al país. Ocuparon empleos en nuevas fábricas y otras empresas. Canadá se convirtió en una importante nación industrializada.

La industrialización reactivó antiguas disputas. Los canadienses británicos construyeron nuevas fábricas en Quebec. Esto alarmó a los canadienses franceses. En 1969, se dictaron nuevas leyes que hicieron bilingüe a Canadá. Sin embargo, muchos habitantes de Quebec comenzaron a pensar en independizarse.

En 1982, Canadá adoptó una nueva constitución. Según la constitución, Canadá era completamente independiente de Gran Bretaña. El gobierno de Canadá imita el sistema parlamentario inglés. El jefe de gobierno es el primer ministro. Un grupo de representantes crea las leyes. Canadá también forma parte de la Mancomunidad de Naciones. Todos los miembros son antiguas colonias británicas que colaboran en asuntos económicos. ✔

Preguntas de repaso

1. ¿Cuáles fueron los dos países que pelearon por Canadá?

____

____

2. ¿Qué tienen en común los miembros de la Mancomunidad de Naciones?

____

____

Término clave

bilingüe *adj.* que tiene dos idiomas oficiales

Problemas ambientales

1 Estados Unidos y Canadá comparten muchas características geográficas. Comparten las costas de los océanos Atlántico y Pacífico. También comparten los Grandes Lagos y las montañas Rocosas. Ambos países usan recursos naturales de 5 manera similar. Ambos usan tecnología para satisfacer sus necesidades. Esto ha afectado el agua, el aire, los bosques y el futuro de los dos países.

En 1969, el río Cuyahoga estaba tan contaminado que se incendió. El Cuyahoga desemboca en el lago Erie. El 10 lago Erie estaba tan contaminado que casi todos sus peces habían muerto. El incendio del Cuyahoga fue una señal de alarma. Estados Unidos y Canadá acordaron limpiar el lago.

El aire de casi todas las grandes ciudades está envuelto 15 en una bruma de contaminación. La bruma se debe al uso de combustibles fósiles en autos y fábricas. Es peligroso respirar ese aire. El aire también causa problemas a muchas millas de distancia, pues al mezclarse con la humedad forma la lluvia ácida. La lluvia ácida mata plan- 20 tas, árboles y peces. La lluvia ácida que generan las plantas de energía estadounidenses afecta a los bosques y lagos de Canadá. El gobierno canadiense se quejó ante el gobierno de Estados Unidos. Los dos países tratan de reducir la lluvia ácida.

25 Muchas personas creen que la tala de árboles daña el medio ambiente. Las compañías madereras a menudo derriban todos los árboles de una zona. Sin árboles, la tierra se deslava. Mueren otras plantas y los animales pierden sus hogares. Sin embargo, la gente necesita madera. Las per- 30 sonas que trabajan en las compañías madereras necesitan sus empleos. Los gobiernos canadiense y estadounidense desean proteger tanto los bosques como la industria maderera. Trabajan para encontrar nuevas formas de alcanzar este doble objetivo. ✓

Término clave

lluvia ácida s. lluvia que contiene ácidos dañinos para plantas y árboles

"La economía nos ha hecho socios"

35 Canadá y Estados Unidos comparten una frontera muy
larga. Su sociedad económica ha beneficiado a las dos
naciones. Parte de esa cooperación ha sido la transportación.
Esto tiene particular importancia en la región de los Grandes
Lagos.

El lago Superior tiene una altitud mucho mayor que el
río San Lorenzo, de modo que es imposible embarcar
bienes desde los Grandes Lagos hasta el Atlántico. A fin
de resolver el problema, Estados Unidos y Canadá construyeron el Canal Marítimo de San Lorenzo. Es un sistema de esclusas, canales y represas. El Canal Marítimo
se inauguró en 1959. Ahora, los barcos pueden navegar
entre los Grandes Lagos y el océano Atlántico. El Canal
Marítimo de San Lorenzo facilita mucho el comercio
entre los dos países y con Europa.

50 Estados Unidos es el principal socio comercial de
Canadá y viceversa. Ambos necesitan comerciar entre sí
para tener éxito. A partir de 1988, los dos países han fir-
mado dos importantes acuerdos de libre comercio. El
Tratado de Libre Comercio (FTA, por sus siglas en inglés)
55 acabó con los aranceles. Los aranceles incrementan el
costo de los productos, lo cual puede limitar el tratado.
En 1994, el Tratado de Libre Comercio de América del
Norte (TLCAN) incluyó a México en el acuerdo. Esto permite que los tres países colaboren para fortalecer sus
60 operaciones comerciales.

Los países necesitan unos de otros en muchos senti-
dos. Canadá y Estados Unidos pertenecen a la Organización de Estados Americanos (OEA). Este grupo de
naciones trabaja en conjunto para mantener la paz en el
65 Hemisferio Occidental. ☑

Preguntas de repaso

1. ¿Cuáles son algunos de los problemas del medio ambiente comunes a Estados Unidos y Canadá?

____

____

2. ¿Qué hace el TLCAN por sus países miembros?

____

____

La palabra *esclusas* aparece en el párrafo entre corchete. Búscala y enciérrala en un círculo. ¿Cómo se
usa en el párrafo? Consulta en un diccionario y copia la definición
correcta.

____

____

____

¿Cuál es el propósito de la Organización de Estados
Americanos?

____

____

____

1. ¿De dónde creen los científicos que llegaron los primeros nativos americanos?

    A. América del Norte

    B. América del Sur

    C. Europa

    D. Asia

2. ¿Qué acontecimiento alentó a los inmigrantes y agricultores a buscar empleo en las ciudades?

    A. la Compra de Luisiana

    B. la Ley de Reubicación de Indígenas

    C. la Revolución Industrial

    D. la Guerra Civil

3. La Primera Guerra Mundial estalló en Europa en 1914 y terminó en ____________, con la victoria de ______________.

    A. Pearl Harbor, las Potencias Centrales

    B. 1917, Turquía

    C. 1918, los Aliados

    D. Estados Unidos, los Aliados

4. La ayuda de Canadá para obtener la victoria en la Primera Guerra Mundial, permitió que se convirtiera en

    A. una colonia británica.

    B. una potencia mundial.

    C. una colonia francesa.

    D. otro participante de la Guerra de 1812.

5. ¿Qué permite que los barcos naveguen entre los Grandes Lagos y el océano Atlántico?

    A. El Canal Marítimo de San Lorenzo

    B. El río Cuyahoga

    C. El Canal de Panamá

    D. El río Mississippi

Pregunta de respuesta corta

¿Por qué Estados Unidos y Canadá cooperan en problemas del medio ambiente?

____

____

____

____

Desarrollo de patrones culturales

1 La diversidad cultural siempre ha sido parte de Estados
Unidos y Canadá. Nativos americanos, colonos europeos e
inmigrantes han contribuido a la variedad de la cultura. Los
dos países también presentan diversidad geográfica. Tienen
5 muchos y variados accidentes geográficos, climas y plantas.
Los nativos americanos desarrollaron culturas según su
medio ambiente. Los que estaban cerca del mar, pescaban.
Los que vivían en bosques, cazaban. También comerciaban
entre sí. Cuando los grupos comercian, obtienen más que
10 bienes. También intercambian ideas. Esto se conoce como
intercambio cultural.

<u>La llegada de los europeos cambió la vida de los
nativos americanos. Por ejemplo, antes de la llegada de
los europeos, no había caballos en las Américas. Luego,
15 llegaron los españoles con sus caballos. Los caballos se
volvieron un elemento importante en la vida de los
nativos americanos.</u> El intercambio cultural ocurrió en
dos direcciones. Los nativos americanos contribuyeron a
la cultura europea. Franceses e ingleses aprendieron a
20 cazar animales y cultivar maíz y calabaza gracias a los
nativos americanos. Los esclavos africanos también contribuyeron al intercambio. ✓

Este trueque ocurre siempre que un grupo de inmigrantes llega a un país. Muchos grupos étnicos han hecho
25 importantes contribuciones a las culturas estadounidense y
canadiense.

Patrones culturales modernos

Estados Unidos y Canadá tienen patrones culturales
parecidos. Esto se debe a que ambos fueron colonias
británicas. La inmigración ha tenido grandes consecuen-
30 cias en los dos países. Hoy en día, son naciones ricas y
poderosas con gobiernos estables. Siguen recibiendo
inmigrantes que buscan mejorar sus vidas.

Términos clave

diversidad cultural *s.* variedad de culturas
intercambio cultural *s.* proceso por el cual las diferentes culturas comparten ideas y formas de hacer las cosas
grupo étnico *s.* grupo de personas que comparten una lengua,
historia y cultura común

Observa las oraciones subrayadas.
Los acontecimientos que describen
están desordenados. Sin embargo,
hay palabras señal que ayudan a
identificar la secuencia de los acontecimientos. Vuelve a escribir los
acontecimientos en el orden en
que ocurrieron.

____

____

____

____

____

Menciona dos ejemplos de intercambio cultural.

1. _______________________

____

2. _______________________

____

¿Cuál oración del párrafo entre corchete establece la idea principal? Encuéntrala y subráyala.

Enumera tres semejanzas entre los estadounidenses y los canadienses.

1. _______________________

____

2. _______________________

____

3. _______________________

____

Muchos inmigrantes se aferran a cosas que les recuerdan sus antiguos hogares. Cuando los inmigrantes llegan a un nuevo país, deben tomar decisiones difíciles. A menudo 35 aprenden el idioma y las costumbres del país para integrarse. Pero muchos también quieren conservar parte de las costumbres de su cultura original. En muchas ciudades grandes de Estados Unidos y Canadá hay lugares donde viven o trabajan ciertos grupos étnicos. Allí mantienen sus 40 tradiciones y costumbres. También enriquecen la vida de Estados Unidos y Canadá.

Pocos países del mundo son tan importantes uno para el otro como Estados Unidos y Canadá. Comparten un idioma, una frontera, un continente y una historia. Sus pueblos son muy parecidos. Por lo menos tres cuartas partes de la población de ambos países viven en ciudades. Canadienses y estadounidenses visten de manera parecida. Comen los mismos alimentos. Practican religiones similares. A menudo disfrutan de las mismas películas y deportes. Los dos países tienen un estándar de vida elevado. ✔

Los dos países también se necesitan para el comercio. Los estadounidenses compran productos canadienses. Los canadienses compran productos estadounidenses. El comercio total entre ellos es superior que el de cualquier otro par 55 de países. Además, millones de canadienses visitan Estados Unidos cada año, mientras que la mayoría de los turistas de Canadá es estadounidense.

Preguntas de repaso

1. ¿Cómo se vio afectada la cultura nativa americana con la llegada de los europeos?

____

____

____

2. Describe el comercio entre Estados Unidos y Canadá.

____

____

____

La población de Estados Unidos

1 La población de Estados Unidos ha crecido continuamente desde 1790. Ese año se levantó el primer censo nacional. En ese tiempo, unos cuatro millones de personas vivían en el país. Hoy hay más de 280 millones de habitantes en Esta-
5 dos Unidos. Comparten muchas actitudes y tradiciones. Estas experiencias los unen. Los estadounidenses son una mezcla diversa de razas y religiones.

Los primeros habitantes de Estados Unidos fueron los nativos americanos. A menudo peleaban por tierras con los
10 colonizadores europeos. El gobierno de Estados Unidos apoyaba los asentamientos blancos. Esto obligó a los nativos americanos a dejar sus tierras y vivir en reservaciones. El gobierno de Estados Unidos firmó centenares de tratados con grupos de indígenas americanos. Los nativos americanos
15 aceptaron entregar gran parte de sus tierras. A cambio, el gobierno federal prometió pagar las tierras y protegerlos. Los colonos rompieron muchos tratados. Los nativos americanos pelearon en más de 1,000 batallas para proteger su forma de vida a fines del siglo XIX.
20 En la década de 1960, los nativos americanos buscaron la igualdad. Grupos como el Movimiento Indígena Americano (AIM, por sus siglas en inglés) trabajaron para mejorar las condiciones de vida y tener los mismos derechos.

Estados Unidos siempre ha sido un país de inmigrantes. Entre 1830 y 1890 hubo una gran oleada de inmigrantes. Personas procedentes de Inglaterra, Escocia, Irlanda, Escandinavia y Alemania llegaron a cultivar la tierra. Como eran parecidos a los colonizadores europeos originales, se integraron fácilmente. Sin embargo, los inmigrantes chinos tuvieron más dificultades. Llegaron durante la Fiebre del Oro de California y para tender las vías del ferrocarril. Fueron sujetos de violencia y discriminación.

Estrategia de vocabulario

Mientras leas las oraciones subrayadas, busca la causa y el efecto. Cuando las encuentres, encierra en un círculo las palabras señal de causa y efecto. Luego, escribe la causa y el efecto en los siguientes espacios.

Causa:

____

____

Efecto:

____

____

Términos clave

reservación *s.* área de tierra destinada a un uso especial
tratado *s.* acuerdo formal

Entre 1880 y 1920 ocurrió una segunda oleada de inmigrantes. Estas personas trabajaron en fábricas, talleres y minas. Casi todos provenían del sur y oriente de Europa. Había muchos judíos y católicos. Igual que los chinos que llegaron antes, vestían de manera distinta, comían alimentos diferentes y hablaban otros idiomas.

Hoy en día, la mayoría de los inmigrantes de Estados Unidos procede de Asia y América Latina. Los inmigrantes han contribuido al desarrollo de Estados Unidos de diferentes maneras. Han hecho aportaciones en la agricultura, la industria y la economía. Han ayudado a construir una nación con diversidad cultural. ☑

La cultura de Estados Unidos

¿Alguna vez has comido *bagels*, tacos o espagueti? Otros países han aportado gran variedad de alimentos, libros, música y deportes a la cultura estadounidense. Esto es producto de la variedad de individuos que viven en el país.

Hoy en día, la literatura estadounidense incluye obras de autores latinos, afroamericanos y nativos americanos. Esta diversidad se refleja en la diversidad de Estados Unidos.

Los estadounidenses escuchan y producen muchos tipos de música. El jazz es un estilo musical que tiene influencia de la música africana. Igual que el jazz, el rock-and-roll nació en Estados Unidos y se propagó por el resto del mundo. Otros estilos musicales que gozan de popularidad en Estados Unidos incluyen rap, reggae, country, techno y hip-hop.

Muchos estadounidenses practican u observan deportes. Grupos de nativos americanos dieron origen al deporte en América del Norte. En fecha más reciente, se han inventado tres deportes importantes en Estados Unidos. Son el béisbol, el baloncesto y el fútbol americano. ☑

Preguntas de repaso

1. ¿Qué ocurrió cuando los colonos trataron de tomar las tierras de los nativos americanos?

____

____

____

2. Describe algunos tipos de tradiciones de otros países que se han integrado a la cultura estadounidense.

____

____

____

La población de Canadá

1 Canadá tiene una población de más de 31 millones de habitantes. Muchos son inmigrantes. Los dirigentes de Canadá limitaban la cantidad de inmigrantes que no eran cristianos europeos. Hoy en día, personas de todos los
5 grupos étnicos emigran a Canadá.

Una diferencia entre Canadá y Estados Unidos es la forma como perciben la inmigración. Estados Unidos se considera un crisol donde se funden las culturas. Canadá es como un mosaico, donde las culturas conservan su identi-
10 dad, pero crean un hermoso diseño.

Los canadienses franceses son un ejemplo. Los canadienses franceses de Quebec desean preservar su herencia. Se han creado leyes especiales para promover la cultura y el idioma francés. Todos los señalamientos están escritos en francés,
15 seguidos de una traducción al inglés. Sin embargo, muchos canadienses franceses desean que Quebec se convierta en una nación independiente.

Los pueblos indígenas de Canadá se denominan Primeras Naciones. Ellos también desean conservar su cultura. Sin embargo, la mayoría no busca su independencia. Por el contrario, tratan de corregir problemas del pasado. Igual que en Estados Unidos, los primeros colonos de Canadá se apropiaron de las tierras de los pueblos nativos. Muchos pueblos indígenas terminaron en reservas. Otros no gozaron de la igualdad de derechos. Nuevas leyes permiten que las Primeras Naciones hablen sus idiomas en las escuelas.

Los inuit de Canadá también tratan de mejorar sus vidas. Por tradición, han sido cazadores y recolectores nómadas. Han vivido en el Ártico durante siglos. Han producido todo
30 cuanto necesitan. La tecnología moderna les permite comprar la ropa y las herramientas que antes fabricaban. Al perder sus destrezas tradicionales, los inuit sienten que están perdiendo su identidad. ☑

Términos clave

crisol *s.* país donde muchas culturas se unen para formar una misma cultura

reserva *s.* área de tierras que el gobierno aparta

En el párrafo entre corchete se usan palabras señal para resaltar contrastes. Halla las palabras señal y enciérralas en círculos.

✓ Verifica tu lectura

¿Cómo ha cambiado el estilo de vida inuit a causa de la tecnología?

____

____

____

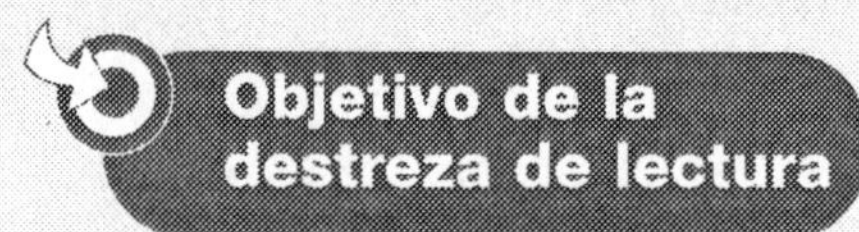

Enumera tres detalles que apoyen la idea principal del párrafo entre corchete. *Pista*: Primero debes hallar la idea principal implícita.

1. _______________________

____

2. _______________________

____

3. _______________________

____

¿Cuáles industrias generan miles de millones de dólares para la economía canadiense?

____

____

____

Gran Bretaña y Francia fueron los primeros países en colonizar Canadá. A fines del siglo XIX, la mayoría de los canadienses era de ascendencia británica o francesa. En la década de 1920, llegaron inmigrantes del oriente y centro de Europa. Cultivaron las praderas del oeste. Durante la Depresión, el gobierno limitó la cantidad de inmigrantes. Después de la Segunda Guerra Mundial, la economía se recuperó. Hacían falta más trabajadores. Millones de inmigrantes llegaron a Canadá. Muchos procedían de África, Asia y América Latina. Se establecieron en las ciudades. La población de Canadá se ha duplicado a partir de la Segunda Guerra Mundial. Gran parte de este crecimiento se debe a los inmigrantes y sus hijos.

La cultura canadiense

Canadá promueve la identidad nacional de sus habitantes, pero sin perder su herencia étnica. Los canadienses no están unificados en una misma cultura. No obstante, todos los canadienses comparten una opinión contundente. Opinan que Estados Unidos influye demasiado en su cultura. Por ello buscan la manera de expresar su singularidad cultural.

Escritores canadienses como Lucy Maud Montgomery y Alice Munro han popularizado la literatura canadiense en todo el mundo. Cantantes canadienses como Shania Twain y Céline Dion han hecho aportaciones a la vida cultural. La industria discográfica canadiense es una industria de miles de millones de dólares. El deporte es otra industria millonaria en Canadá. El jockey sobre hielo es el deporte nacional de Canadá. También se ha convertido en un importante símbolo de identidad nacional. ✔

Preguntas de repaso

1. ¿Cómo difieren las posturas de Estados Unidos y Canadá en cuanto a la inmigración?

____

____

____

2. ¿Qué hacen los canadienses franceses para proteger su herencia cultural?

____

____

____

1. Cuando dos grupos de personas comparten ideas y formas de hacer juntos las cosas, practican
   A. la diversidad cultural.
   B. el intercambio cultural.
   C. la etnicidad.
   D. el libre comercio.

2. Los primeros habitantes en lo que hoy es Estados Unidos fueron los
   A. nativos americanos.
   B. ingleses.
   C. franceses.
   D. españoles.

3. La segunda oleada de inmigrantes a Estados Unidos estaba compuesta de
   A. chinos.
   B. protestantes.
   C. europeos orientales y del sur.
   D. asiáticos y latinoamericanos.

4. Los pueblos indígenas de Canadá reciben el nombre de
   A. franceses.
   B. ingleses.
   C. Primeras Naciones.
   D. europeos cristianos.

5. Canadá promueve la identidad nacional
   A. mediante la integración.
   B. adoptando la cultura estadounidense.
   C. pidiendo pruebas de que los individuos tienen herencia de las Primeras Naciones.
   D. sin perder la herencia étnica.

Pregunta de respuesta corta

¿Por qué Estados Unidos y Canadá fomentaron inicialmente la inmigración?

Las ciudades del noreste están muy pobladas. Todos los días, miles de personas se *abonan*, es decir, usan un billete de abono para ir a su trabajo en transporte público. Otros conducen su auto desde los apartados suburbios donde viven. Incluso quienes viven en la ciudad deben viajar de un área a otra para trabajar.

Una región de ciudades

La región costera del noreste es una *megalópolis*, es decir, una enorme ciudad. Una cadena ininterrumpida de ciudades se extiende desde Boston, Massachusetts, hasta Washington, D.C. Esta región tiene la *densidad de población* más elevada de Estados Unidos.

La economía del noreste depende de sus ciudades. Muchas se fundaron en la época colonial. Se construyeron junto a los ríos o cerca del océano Atlántico. Debido a su proximidad con el agua, las ciudades se convirtieron en centros de comercio y transportación. En la actualidad, millones de personas trabajan en fabricación, finanzas, comunicaciones y oficinas gubernamentales.

Boston es una ciudad llena de historia. Allí comenzó la Revolución Americana. Conserva edificios de aquellos tiempos, incluida la casa de Paul Revere. No obstante, Boston también es una ciudad moderna.

El área de Boston es famosa por sus centros de investigación. Éstos incluyen la Universidad de Harvard y el Instituto de Tecnología de Massachusetts. Boston también es un importante centro en los campos de medicina, ciencias y tecnología.

Filadelfia, Pennsylvania, también fue importante en la historia antigua de nuestra nación. Alguna vez fue la capital del país. ¿Sabías que la Declaración de Independencia y la Constitución se redactaron en Filadelfia? Para fines del siglo XVIII, Filadelfia se había convertido en el centro político, financiero y comercial de la nación.

Estrategia de vocabulario

Las siguientes palabras aparecen en los párrafos entre corchete. Cada una contiene una raíz. Subraya las raíces.

costera

ininterrumpida

transportación

comunicaciones

gubernamentales

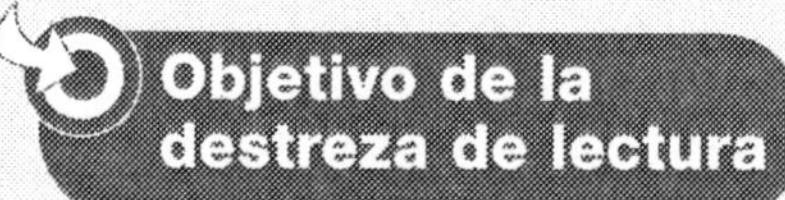

Encierra en un círculo las palabras en el texto. ¿Conocer la raíz te ayudó a deducir el significado?

Objetivo de la destreza de lectura

Menciona una semejanza entre Boston y Filadelfia.

____

____

____

Términos clave

abonar *v.* usar un billete de abono para transportarse al trabajo

megalópolis *s.* varias ciudades y suburbios que se funden en una gran región urbana

densidad de población *s.* cantidad promedio de personas por milla cuadrada o kilómetros cuadrados

Hoy en día, Filadelfia es un centro industrial. Varias
35 rutas de transporte cruzan la ciudad. Miles de fábricas
procesan alimentos y producen sustancias químicas.
Cientos de productos salen de allí para venderlos en otras
partes.

La Ciudad de Nueva York es la más grande y una de las
40 más importantes de Estados Unidos. Tiene una población
de más de 8 millones de habitantes. Es una de las 10 ciudades más grandes del mundo. La ciudad está construida
sobre islas y tierras próximas a la desembocadura del río
Hudson.

45 Nueva York es el centro de la moda, las editoriales, la
publicidad y las artes de Estados Unidos. También es la
"capital del dinero" del país. Muchos neoyorquinos trabajan
en bancos. Además, la ciudad también es sede de la Bolsa
de Valores de Nueva York. Las compañías más ricas tienen
50 oficinas en Nueva York. La ciudad es famosa por sus rasca-
cielos.

No obstante, el 11 de septiembre de 2001, el perfil de la
ciudad cambió para siempre cuando los terroristas atacaron
las torres del Centro Mundial de Comercio. A consecuencia
55 del ataque, murieron alrededor de 3,000 personas. ☑

Puertos de entrada

Nueva York es el principal puerto de entrada para los
inmigrantes europeos. Millones de inmigrantes entraron
en el país a través de Ellis Island, Nueva York, un centro
de inmigración de Estados Unidos. Otros inmigrantes lle-
60 garon por Filadelfia y Boston. Muchos inmigrantes per-
manecen en las ciudades donde hacen una nueva vida.
En la actualidad, estas tres ciudades tienen gran diversidad étnica. ☑

Preguntas de repaso

1. ¿Cómo se compara la densidad de población del
   noreste con la densidad de población de otras partes
   del país?

2. Enumera algunas de las actividades económicas de las
   ciudades del noreste.

¿Qué ciudad se considera la "capital del dinero" de Estados Unidos?

¿En dónde se encuentra Ellis
Island?

La tierra del Sur

El Sur tiene clima templado y abundante lluvia. Hay vastas llanuras costeras de rico suelo. Estos factores hacen que el Sur sea un lugar ideal para desarrollar cultivos y criar animales.

Durante mucho tiempo, casi todos los agricultores sureños cultivaron exclusivamente algodón. En la década de 1890, un escarabajo llamado gorgojo del algodón atacó las plantas de algodón. En los siguientes 30 años, el insecto destruyó los cultivos de algodón. Muchos agricultores quebraron. Hoy en día, la mayoría produce más de un cultivo.

Algunos de estos cultivos requieren de condiciones especiales. Los cítricos necesitan calor y sol todo el año. Florida tiene esas condiciones. Por eso es el principal productor de cítricos. Para desarrollarse, el arroz requiere de calor y humedad. Estas condiciones se encuentran en Arkansas, Luisiana y Mississippi. ¿Supones que esos estados cultivan arroz? ✓

Algunas zonas del Sur son famosas por sus cultivos.
20 Georgia se denomina el Estado del Melocotón. También es famoso por la pacana y el maní. Texas cría más ganado que cualquier otro estado. Arkansas produce la mayor cantidad de pollo y pavo.

Hay importantes recursos en el subsuelo. Luisiana,
25 Oklahoma y Texas tienen petróleo y gas natural. Se usan como combustibles. El petróleo también se transforma en petroquímicos. Los petroquímicos incluyen plástico, pintura, nylon y asfalto. Los mineros extraen carbón en Alabama, Kentucky, Virginia Occidental y Tennessee. Los
30 estados sureños también producen grava, arena, cascajo, cemento, sal, azufre y cinc.

La pesca y la silvicultura crean muchos empleos en el Sur. La bahía de Chesapeake, en Maryland y Virginia, es famosa por sus mariscos. La industria pesquera es muy
35 importante para Luisiana, Florida y Texas. La industria maderera es muy activa en la mayoría de los estados sureños.

Término clave

petroquímico s. sustancia que se obtiene del petróleo

Ciudades e industrias sureñas

El Sur ha cambiado en los últimos 50 años. <u>Sus áreas
rurales siguen siendo importantes, pero en la actualidad,</u>
₄₀ <u>la mayoría de la población vive en ciudades</u>. Fábricas,
compañías de alta tecnología y el turismo proporcionan
empleos. Este cambio de la agricultura a la industria se
denomina industrialización.

    Una de las industrias más importantes del Sur es la textil.
₄₅ Las hilanderías producen telas. Antes, usaban principal-
mente algodón. Ahora también producen telas con materiales sintéticos.

    Cada vez hay más industrias nuevas en todo el Sur. Una
de ellas es la industria de alta tecnología, donde los traba-
₅₀ jadores desarrollan computadoras. La industria aeroespacial
también es importante en el Sur. Muchas personas de
Florida, Texas y Alabama trabajan para la NASA. Atlanta,
Georgia, es un centro de la industria de televisión por cable.

    Además de empleos, muchas personas van al Sur para
₅₅ retirarse o de vacaciones. El Sur es parte del Cinturón del
sol y la población ha crecido de manera continua.

    Washington, la capital nacional, no es un estado. Se
encuentra en el Distrito de Columbia. Esta área se localiza
entre los estados de Maryland y Virginia junto al río
₆₀ Potomac. Washington, D.C. está considerada entre las ciu-
dades más hermosas del mundo. Es hogar de los líderes del
país y muchos funcionarios extranjeros. ☑

Preguntas de repaso

1. ¿Cómo ha cambiado la economía del Sur en los últimos años?

____

____

____

2. Menciona algunas razones por las cuales la gente se
muda al Sur.

____

____

____

Identifica la palabra señal de con-
traste en la oración
subrayada y encié-
rrala en un círculo.
Luego, en las si-
guientes líneas,
escribe las dos
cosas que contrasta dicha oración.

____

____

____

¿En dónde se localiza la ciudad de
Washington?

____

____

Términos clave

industrialización *s.* proceso de construir nuevas industrias en
áreas agrícolas

Cinturón del sol *s.* región de Estados Unidos que abarca desde
la costa sur del Atlántico hasta la costa de California

La tecnología cambia la vida agrícola

1 El Medio Oeste es el centro agrícola de nuestro país. El rico suelo y el clima templado son estupendos para cultivar maíz, trigo, frijol de soya y criar ganado. Sin embargo, no es posible cultivar la tierra sin las herramientas adecuadas. El arado

5 de acero, el molino de viento y el alambre de púas fueron de gran ayuda para los primeros granjeros. En la actualidad, la tecnología sigue mejorando los métodos agrícolas.

Hasta la década de 1980, era común ver pequeñas granjas familiares en el Medio Oeste. Muchas de ellas eran

10 **granjas de cultivos mixtos.** Si un cultivo fracasaba, había otros que podían explotarse. Las granjas familiares prosperaron en las décadas de 1960 y 1970. La población mundial crecía, de modo que más gente necesitaba los alimentos que producían los agricultores. Por eso, los agricultores

15 solicitaron préstamos para expandir sus granjas.

Luego, a principios de la década de 1980, hubo una **recesión.** La gente compraba menos productos agrícolas. Los agricultores debían dinero a los bancos y no podían pagarlo. Más de un millón de agricultores estadouni-

20 denses vendieron o abandonaron sus tierras. ✓

Las compañías agrícolas compraron muchas granjas familiares y formaron **granjas corporativas.** Aún hay pequeñas granjas familiares en el Medio Oeste. La tabla siguiente muestra algunas diferencias entre estas granjas.

Verifica tu lectura

¿Por qué muchas familias venden o abandonan sus granjas?

____

____

____

Objetivo de la destreza de lectura

¿Cómo difieren las granjas corporativas de las familiares?

____

____

____

Diferencias entre granjas familiares y corporativas

Granjas familiares	Granjas corporativas
• pequeñas	• grandes
• dificultades para el sostenimiento de las familias	• pueden comprar tierras y equipos necesarios para la agricultura moderna
• los agricultores necesitan otro empleo, casi siempre en ciudades	• emplean menos obreros porque las máquinas y computadoras hacen la mayor parte del trabajo

---

Términos clave

granja de cultivo mixto *s.* granja que produce varios tipos de cultivos

recesión *s.* disminución de la actividad comercial y la prosperidad económica

granja corporativa *s.* granja de gran tamaño que opera una corporación o una compañía agrícola

Desarrollo de ciudades en el Medio Oeste

25 Las ciudades del Medio Oeste surgieron como lugares adonde los agricultores llevaban sus productos y ganado para procesarlos y enviarlos al este. Chicago, Illinois, era la más grande de esas ciudades de procesamiento.

Situada junto al lago Michigan, Chicago estaba rodeada 30 de praderas y granjas. Los agricultores enviaban maíz, trigo y ganado a la ciudad. Los alimentos ya procesados se enviaban al este a través de los Grandes Lagos. Chicago creció más tras la construcción de los ferrocarriles. A fines del siglo XIX, era un importante centro fabril y de producción de acero.

35 En la actualidad, Chicago es la ciudad más grande del Medio Oeste. Es famosa por su diversidad étnica e interesante cultura. Es un importante centro de donde parte el transporte por carreteras, ferrocarriles y aviones.

Otras dos grandes ciudades del Medio Oeste son Detroit, Michigan, y St. Louis, Missouri. Detroit se conoce como la Ciudad de los Motores porque allí se encuentran los fabricantes de automóviles estadounidenses. General Motors, Ford y Daimler-Chrysler tienen plantas en Detroit.

St. Louis está junto al río Mississippi. Fue el punto de par-45 tida para los pioneros que viajaban al oeste. Hoy es un centro bancario y comercial.

Minneapolis es la ciudad más grande de Minnesota, seguida de St. Paul. Se les llama las "Ciudades Gemelas" porque están en las márgenes opuestas del río Mississippi. 50 Alguna vez, las Ciudades Gemelas fueron el centro de molinos de harina de Estados Unidos. Hoy en día, son hogar de negocios editorales, médicos, cómputo y arte.

Preguntas de repaso

1. ¿Por qué las familias de agricultores tuvieron dificultades durante la década de 1980?

____

____

____

2. ¿Cómo se iniciaron algunas ciudades del Medio Oeste?

____

____

____

¿Cuál es la ciudad más grande del Medio Oeste?

____

____

____

Recuerda buscar palabras compuestas mientras lees. Hay dos en el párrafo entre corchete. Cuando las halles, traza una línea entre las dos  palabras que forman la palabra compuesta. Luego, escribe las palabras que hayas encontrado en los siguientes espacios.

1. _______________________

2. _______________________

Los recursos naturales del Oeste

Durante más de 400 años, la gente se sintió atraída por los recursos naturales del Oeste. Nativos americanos y colonos españoles vivieron en California antes de descubrir oro. La población explotó en 1849 debido a la Fiebre del Oro de California. Los *forty-niners* (los del cuarenta y nueve) se dirigieron a la Sierra Nevada para encontrar fortuna. Pocos tuvieron éxito, pero muchos se quedaron en el Oeste. ✓

Denver, Colorado, se fundó después de encontrar oro en 1858. También se descubrieron valiosos depósitos de plata y cobre en la región. Esto hizo que más personas se mudaran al Oeste. Nuevos pueblos mineros se levantaban cerca de cada descubrimiento.

Los pueblos necesitaban madera para casas y tiendas. Había abundantes bosques en el Pacífico Noroeste. Surgieron campamentos de tala de bosques, aserraderos y fábricas de papel en Washington, Oregón y el norte de California. La población de California siguió creciendo después de la Fiebre del Oro. Los leñadores talaron más bosques para construir casas. Para llevar agua a las ciudades, los ingenieros construyeron represas. Las represas proporcionaban agua, pero también inundaron valles completos.

Los recursos del Oeste parecían ilimitados, pero no era así. Para preservar algo de la vida natural del Oeste, el Congreso creó parques y bosques nacionales. Pero incluso estos parques no están libres de problemas. Sus numerosos visitantes ocasionan contaminación y embotellamientos de tráfico.

Algunos habitantes del Oeste tratan de encontrar nuevas formas de administrar los recursos de la región. Trabajan en un **desarrollo responsable**. Esto significa equilibrar las necesidades del medio ambiente, la comunidad y la economía. Por ejemplo, las compañías madereras siembran nuevos árboles para reemplazar los que han cortado.

Términos clave

forty-niner *s.* apodo de los mineros de la Fiebre del Oro de California, ocurrida en 1849

desarrollo responsable *s.* equilibrar las necesidades del medio ambiente, la comunidad y la economía

El Oeste urbano

35 En la actualidad, la mayoría de los habitantes del Oeste no trabaja en minas o madereras. Ahora trabaja en ciudades. Aprenderás acerca de cuatro ciudades del Oeste.

Portland, Oregón, fue un centro del comercio con madera, pieles, granos, salmón y lana. En la década de 40 1930, las represas producían electricidad barata. Portland atrajo muchas industrias manufactureras.

Seattle, Washington, tiene más de medio millón de habitantes. Los años de crecimiento causaron problemas. En la década de 1960, un grupo de ciudadanos trabajó 45 para mejorar la ciudad. Crearon parques y limpiaron la basura del lago cercano.

El área que rodea San José, California, fue famosa por sus hermosos huertos y granjas. Ahora se denomina "Valle del silicio". El valle es importante para la industria de la 50 computación. Hoy en día, el recurso más valioso es su gente. Sin embargo, el crecimiento ocasionó dificultades. El exceso de personas y autos congestionó las autopistas y contaminó el aire. Por ello, San José construyó un sistema de tren ligero para el transporte masivo a fin de que los 55 habitantes pudieran transportarse con facilidad. ☑

En la década de 1780, Los Ángeles era un pequeño pueblo mexicano. En la actualidad es la segunda ciudad con mayor población en Estados Unidos. Muchos mineros se mudaron a Los Ángeles después de la Fiebre del Oro. El 60 ferrocarril también contribuyó al crecimiento de la ciudad. En la década de 1920, la gente se sintió atraída por las industrias de cine, petróleo y fabricación. Hoy en día, Los Ángeles es un centro banquero y de fabricación de aviones. No obstante, es más conocida por su industria del entrete-65 nimiento. La población de Los Ángeles es muy diversa.

Preguntas de repaso

1. ¿Qué ocurrió en California en 1849?

____

____

2. ¿Por qué el Congreso creó parques y bosques nacionales?

____

____

Menciona un aspecto común a Seattle y San José.

____

____

____

¿Por qué se construyó un sistema de tránsito masivo en San José?

____

____

____

Término clave

transporte masivo *s.* sistema de trenes subterráneos, autobuses y trenes para viajeros abonados que sirve para transportar a gran cantidad de personas

1. ¿Cuál es la región de mayor densidad de población en Estados Unidos?
   A. el Noreste
   B. el Sur
   C. el Medio Oeste
   D. el Oeste

2. ¿Cuáles ciudades fueron puertos de entrada para los inmigrantes de Estados Unidos?
   A. San José, Portland, Denver
   B. Atlanta, Detroit, Chicago
   C. Washington, D.C., Boston
   D. Ciudad de Nueva York, Boston, Filadelfia

3. El cambio de la agricultura a la industria en el Sur, es un ejemplo de
   A. petroquímicos.
   B. la Revolución Agrícola.
   C. industrialización.
   D. educación.

4. ¿Cómo se iniciaron muchas ciudades del Medio Oeste?
   A. Surgieron como lugares adonde los agricultores llevaban sus productos y ganado para procesarlos y enviarlos al este.
   B. Los minerales usados en la fabricación determinaban el sitio donde habrían de construirse las ciudades del Medio Oeste.
   C. La Fiebre del Oro llevó a los mineros al Medio Oeste.
   D. Casi todos los pueblos del Medio Oeste surgieron como colonias británicas.

5. La segunda ciudad con mayor población en Estados Unidos es
   A. Boston, Massachusetts.
   B. Atlanta, Georgia.
   C. St. Louis, Missouri.
   D. Los Ángeles, California.

Pregunta de respuesta corta

¿Cuáles son las medidas que se han adoptado para administrar los recursos del Oeste?

____

____

____

____

Resumen de la Sección 1

Ontario

1 Ontario es una de las provincias canadienses. Se encuentra
entre la bahía de Hudson y los Grandes Lagos. La región
del norte forma parte del Escudo Canadiense. Pocas personas viven en esas tierras rocosas de crudos inviernos.
5 Las tierras bajas del sur tienen inviernos moderados y
veranos templados. Allí vive la tercera parte de la
población total de Canadá.

Canadá es una federación de 10 provincias y 3 territorios. Cada provincia tiene su propio gobierno. Igual que
10 Estados Unidos, hay un gobierno federal o central. El
gobierno central de Canadá está asentado en Ottawa,
Ontario. El jefe de Estado es el monarca británico, repre-
sentado por el gobernador general. Sin embargo, el
primer ministro de Canadá dirige el gobierno. ☑

15 En el siglo XIX, Ontario se llamaba Alta Canadá y
Quebec era Baja Canadá. En conjunto, formaban la
Provincia de Canadá. Ottawa fue elegida como capital
debido a su ubicación en la frontera de los dos territorios.
A medida que Canadá añadía nuevas provincias y
20 territorios, la capital permaneció en Ottawa.

Cada provincia canadiense tiene una capital. Toronto
es la capital de Ontario. Toronto es la ciudad más grande
de Canadá. También es el centro comercial y financiero del
país. Ubicada en el lago Ontario, se ha convertido en un
25 importante centro de comercio y transportación. Después
de la Segunda Guerra Mundial, muchos inmigrantes
europeos llegaron a Toronto. En fecha reciente, han llega-
do inmigrantes asiáticos. Casi la mitad de la población de
Toronto es originaria de otros países.

La cultura francesa en Quebec

30 La cultura francesa en Quebec tiene sus raíces en el
pasado. Francia reclamó Quebec en el siglo XVI. Durante
varios años, franceses e ingleses pelearon por la región.
En 1759, los británicos capturaron la ciudad de Quebec.
En cuatro años, Francia entregó a Gran Bretaña todas sus
35 colonias al este del río Mississippi.

Término clave

federación *s.* unión de estados, grupos, provincias o naciones

---

Estrategia de vocabulario

La palabra *gobierno* se deriva del latín *gubernare* que significa "dirigir", como dirigir un barco. Encuentra las palabras subrayadas en la sección y escríbelas en los espacios siguientes.

1. ___________________

2. ___________________

¿Cuál de las dos describe a "la persona que dirige o gobierna"? Encierra la palabra en un círculo.

✓ Verifica tu lectura

¿En dónde se localiza el gobierno federal de Canadá?

____

____

____

Aunque los británicos ganaron, miles de colonos franceses permanecieron en la región. Sus descendientes componen la mayoría de la población actual de Quebec. En Montreal, la ciudad más grande de Quebec, y las regiones circundantes, más de 65 por ciento de la población es francófona.

En la década de 1960, muchos francófonos comenzaron a temer por su idioma y cultura. Se hablaba inglés en el trabajo y en las escuelas. La mayoría de los francófonos obtenían trabajos con sueldos inferiores. En 1960, el Partido Liberal, que apoyaba a los francófonos, tomó el poder de Quebec. Implantó reformas en materia de empleo, educación y atención médica. Este cambio se conoció como la Revolución Silenciosa.

No obstante, el movimiento separatista continuó creciendo. En la década de 1970, el francés se convirtió en el idioma oficial de Quebec. Sin embargo, no todos los residentes de Quebec querían separarse de Canadá. En 1980 se realizó un referendo. En el referendo, la gente vota en favor o en contra de un tema. La gente de Quebec votó en contra de la separación. En 1995, se hizo otra votación. Esa vez, más personas votaron en favor de la separación, pero no hubo mayoría. Los separatistas siguen trabajando por la independencia. ✓

La gente de Quebec se enorgullece de su cultura francesa. La celebran de muchas maneras.

Preguntas de repaso

1. ¿Quién es el jefe de Estado de Canadá?

____

____

2. ¿Qué ha hecho el gobierno canadiense para apoyar a los francófonos?

____

____

Términos clave

francófono *s.* persona que habla francés como primera lengua

Revolución Silenciosa *s.* cambio pacífico en el gobierno de Quebec

separatista *s.* persona que desea que Quebec se convierta en un país independiente

Resumen de la Sección 2

Las Provincias de las Praderas

1 Manitoba, Saskatchewan y Alberta suelen ser llamadas
Provincias de las Praderas. Están ubicadas en la pradera
más grande del mundo. Abarca las tres provincias y se
extiende hacia el centro de Estados Unidos. Diversos
5 pueblos nativos han habitado la región desde hace miles
de años.

El estilo de vida de los nativos estaba ligado al búfalo.
Proporcionaba carne para alimento y piel para vestidos.
Cuando las personas de ascendencia europea entraron en
10 la región, acabaron rápidamente con la mayoría de las
manadas de búfalos. Al mismo tiempo, el gobierno de
Canadá comenzó a apropiarse de las tierras de los nativos.

Cada vez había menos nativos. Los Indígenas de las
Llanuras no eran inmunes a las enfermedades que trans-
15 mitían los inmigrantes europeos. Al mismo tiempo, la
población europea creció.

Estos colonizadores querían cultivar en las praderas.
El gobierno canadiense alentó la inmigración ofreciendo
tierras gratuitas a los colonos. Entre 1900 y 1910 tan solo
20 la población de Alberta creció más de 500 por ciento.

Hasta principios del siglo XX, casi todos los canadienses eran pueblos nativos o familias de los primeros
colonizadores franceses y británicos. Muy pronto el país
comenzó a recibir inmigrantes de otros países europeos.
25 Practicaron la agricultura, la minería, la crianza de ganado y la caza de animales para obtener sus pieles.

Muchos inmigrantes europeos cultivaron trigo.
Cuando el Ferrocarril Canadiense del Pacífico quedó termi-
nado, los colonos pudieron llegar con más facilidad a las
30 Provincias de las Praderas. El tren también permitió
transportar trigo con más rapidez al resto del mundo.
La economía del trigo tuvo un auge.

Hoy en día, más de tres cuartas partes de las tierras
agrícolas de Canadá se encuentran en las Provincias de
35 las Praderas. El trigo sigue siendo el cultivo principal.
Saskatchewan produce más de la mitad de la cosecha de
trigo de Canadá. Canadá se ha convertido en uno de los
principales exportadores mundiales de trigo. La región
se conoce como el Granero de Canadá. ✓

Términos clave

ascendencia *s.* antepasados de una persona
inmunidad *s.* resistencia natural a una enfermedad

Objetivo de la destreza de lectura

Lee la oración subrayada de la izquierda. ¿Qué significa *La economía del trigo tuvo un auge?*

____

____

____

✓ Verifica tu lectura

¿Por qué esta región se conoce como el Granero de Canadá?

____

____

____

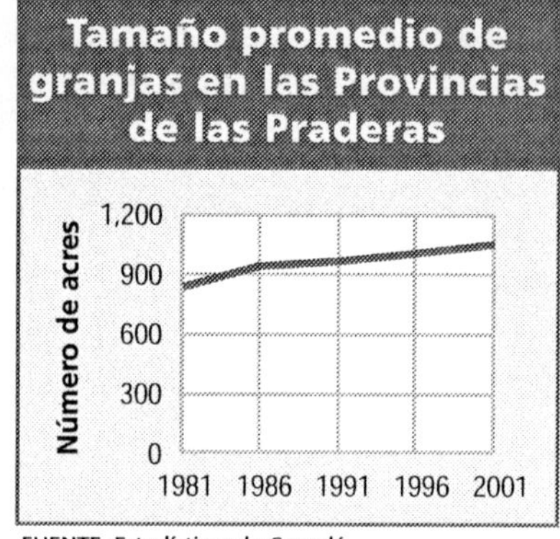

40 Como puedes ver en las gráficas, había menos granjas en las Provincias de las Praderas en 2001 que en 1981. Pero las granjas en 2001 eran más extensas que en 1981. Esto se debe a que cada vez más granjas canadienses se convierten en granjas corporativas. No obstante, Canadá conserva 45 más granjas familiares que Estados Unidos.

Celebración de tradiciones

Cada año, las ciudades de las Provincias de las Praderas celebran su herencia cultural. La Cabalgata de Calgary es un rodeo de diez días en homenaje al legado ganadero de la región. Ofrece competencias como carreras de carretas 50 y monta de toros. Los Días del Klondike celebran la fiebre del oro. Entre los eventos hay una carrera de balsas y un desayuno de panqueques de masa fermentada. ☑

Cada febrero, se lleva a cabo el Festival du Voyageur en Winnipeg, Manitoba. Celebra la herencia francesa 55 canadiense del comercio con pieles. Las tartas del Festival del Trigo de Weyburn rinden homenaje al cultivo más importante de la región, el trigo.

Preguntas de repaso

1. ¿Cuáles son las tres provincias que componen las Provincias de las Praderas?

____

____

____

2. ¿Qué atrajo a los inmigrantes europeos hacia las Provincias de las Praderas de Canadá?

____

____

____

La población del oeste canadiense

Los primeros pueblos llegaron a la actual Columbia Británica hace por lo menos 10,000 años. Pertenecían a diversos grupos étnicos y hablaban muchas lenguas. Cada grupo tenía costumbres propias. Los pueblos de la costa pescaban, cazaban ballenas y recogían mariscos. También esculpieron gigantescos tótems. Otros grupos vivían y cazaban en los bosques de tierra adentro.

A fines del siglo XVIII, llegaron los exploradores europeos. Los británicos construyeron un puesto para el comercio de pieles en la isla de Vancouver, frente a la costa de Columbia Británica. Los comerciantes de pieles introdujeron herramientas, el estilo de vestir europeo e ideas en los pueblos indígenas. Luego, en 1858, descubrieron oro en las orillas del río Fraser.

Unos años antes, los británicos habían fundado un pequeño pueblo de comerciantes y agricultores llamado Victoria. Una mañana dominical de 1858, una rueda hidráulica de paletas estadounidense entró en el puerto de Victoria. Más de 400 hombres bajaron del bote. Habían ido a extraer el oro de la región. La población de Victoria se duplicó en una mañana. En pocas semanas, llegaron otros miles de mineros.

Dos años después, descubrieron oro en las montañas Cariboo, al este de Columbia Británica. Llegaron más mineros. Por el camino surgieron pueblos de bonanza casi de la noche a la mañana. Cuando terminó la fiebre del oro, muchos de esos pueblos fueron abandonados.

Los nuevos colonos se llevaron el oro de las tierras de los pueblos indígenas. Los nativos habían sido mayoría. Ahora eran la minoría más reducida de la población. Fueron desplazados a pequeñas reservas. Las leyes prohibieron muchas de sus costumbres, religiones y lenguas. Los niños fueron separados de sus padres e instalados en escuelas gubernamentales.

Estrategia de vocabulario

El significado del vocablo latino *explorare* es "explorar". Encierra en un círculo la palabra de la oración subrayada que se deriva del vocablo latino.

Objetivo de la destreza de lectura

Busca la frase subrayada en el párrafo entre corchete. Ahora, encierra en un círculo las claves de contexto que explican lo que es una rueda hidráulica de paletas. Usa el siguiente espacio para escribir, en tus propias palabras, a qué se refiere esta frase.

____

____

____

Términos clave

tótem *s.* poste alto y labrado que contiene símbolos de un grupo, clan o una familia nativa americana particular

pueblo de bonanza *s.* asentamiento que surge repentinamente para satisfacer las necesidades de los mineros

35 Ahora, los pueblos indígenas de Columbia Británica se enorgullecen de su historia y cultura. Su arte florece. Pero por las injusticias del pasado, hoy exigen derechos políticos y tierras. Esto ha generado tensiones entre los indígenas y otros habitantes de Columbia Británica.

40 En 1881, se iniciaron las obras del Ferrocarril Canadiense del Pacífico. El objetivo era unir Canadá. El ferrocarril cruzaba todo el territorio canadiense. Su construcción causó cambios. Los inmigrantes que trabajaron en la construcción permanecieron en el país una vez con-45cluido el trabajo. Muchas poblaciones crecieron en las cercanías del ferrocarril y más personas se establecieron en ellas.

Economía y cultura

El ferrocarril comunica todo el territorio canadiense, pero las montañas forman una barrera entre Columbia 50Británica y el resto de Canadá.

Hay lazos comerciales entre Columbia Británica y la Cuenca del Pacífico. La Cuenca del Pacífico incluye países como Japón, Australia, Chile y Perú. Todas son naciones que tienen fronteras con el océano Pacífico. Otra 55razón de la conexión entre Columbia Británica y la Cuenca del Pacífico es la variada población de Columbia Británica. Más del 15 por ciento de la población es de origen asiático.

La industria del cine y televisión en Columbia 60Británica es otro ejemplo de los lazos de la provincia con otros países. Columbia Británica es el tercer centro de producción cinematográfica más grande de América del Norte. Sólo le superan Los Ángeles y Nueva York. En 2002 se filmaron más de 200 producciones en la provin-65cia. La industria del cine crea muchos empleos. No todos son para actores y directores. También beneficia a negocios como hoteles, restaurantes y gasolineras.

Preguntas de repaso

1. ¿Qué ocasionó la migración hacia Columbia Británica en el siglo XIX?

____

____

2. ¿Por qué Columbia Británica tiene fuertes lazos con la Cuenca del Pacífico?

____

____

✓ Verifica tu lectura

¿Por qué se construyó el Ferro-carril Canadiense del Pacífico?

____

____

____

✓ Verifica tu lectura

¿Qué es la Cuenca del Pacífico?

____

____

____

La vida en la costa

Terranova y Labrador, Isla Príncipe Eduardo, Nueva Brunswick y Nueva Escocia son las Provincias del Atlántico. Se localizan en el este de Canadá, junto al océano Atlántico. Muchas personas viven en la costa.
Los habitantes de la región descienden principalmente de ingleses, irlandeses, escoceses y franceses.

Es probable que los vikingos fueran los primeros europeos que construyeron una colonia en la región. Luego, en 1497, el explorador inglés John Cabot bautizó una de las islas con el nombre de *Terra Nova*. Unos 100 años después, ésta se convirtió en la primera colonia británica de ultramar. Al principio sirvió principalmente como estación de pesca. En 2001, el nombre de la provincia cambió a Terranova y Labrador. Aquí aprenderás que la pesca siempre ha sido importante en esta región.

La provincia de Terranova y Labrador se encuentra en el extremo más oriental de América del Norte. Está más cerca de Irlanda, al otro lado del Atlántico, que del estado de Nueva York. Por ello, es un centro de comunicaciones y transportación transatlántica. También se encuentra cerca de Grand Banks. Alguna vez, Grand Banks fue el mejor territorio de pesca del mundo.

Nueva Escocia, Nueva Brunswick y la Isla Príncipe Eduardo formaron parte de Acadia, un asentamiento francés. Francia e Inglaterra lucharon muchas veces por esas tierras. El control de los territorios cambió de un país a otro continuamente. Durante los conflictos, los acadios se abstuvieron de tomar partido.

En cierto momento, cuando los británicos tenían el control, surgió el temor de que los acadios franceses fueran leales a Francia. Por ello, los británicos exiliaron a los acadios. Algunos se establecieron en Quebec. Otros se mudaron a Francia u otras colonias francesas. Otros más se mudaron a la actual Luisiana. Sus descendientes reciben el nombre de cajuns.

Objetivo de la destreza de lectura

Usa la clave de contexto de causa y efecto del párrafo entre corchete para descubrir el significado de *transatlántica*.

¿Cuál es la clave de contexto de causa y efecto?

____

Causa: _________________________

Efecto: _________________________

Transatlántica significa: _________

____

____

✓ Verifica tu lectura

¿Por qué los británicos exiliaron a los acadios?

____

____

____

Término clave

exilio *s.* obligar a una persona a abandonar su tierra u hogar natal

Gran Bretaña tomó el control absoluto en 1763, al finalizar la Guerra de los Siete Años. Muchos acadios regresaron entonces a la región. Pero los británicos se habían apropiado de las tierras agrícolas. De modo que ₄₀los acadios se dedicaron a la pesca y la tala de bosques.

Una economía marítima

Las Provincias del Atlántico suelen recibir el nombre de Provincias Marítimas. El término resume la vida en esos lugares. Gran parte de la economía depende de la pesca.

En el siglo XIX hubo una gran demanda de botes pes-₄₅queros. Creció la industria de construcción naval. En la mayor parte del siglo XIX, ésta fue la principal región naviera de Canadá. La silvicultura dio a los constructores de barcos los materiales que necesitaban. Ambas industrias contribuyeron al crecimiento económico de la ₅₀región. Muchas personas siguen trabajando en la industria de la construcción naval.

La pesca es otra industria importante. Hasta 1992, la presa principal era el bacalao. Ese año, el gobierno limitó la cantidad de bacalao que podía pescarse. En 2003 la ₅₅prohibió por completo. Adoptó la medida porque las aguas habían sido explotadas excesivamente. Se han perdido miles de trabajos en la industria pesquera. Hoy en día, los pescadores atrapan otras variedades de peces. ☑

La acuicultura es una industria creciente. Abundan ₆₀los mejillones en la costa oriental de Canadá. Hay granjas de salmón frente a las costas de Nueva Brunswick.

Preguntas de repaso

1. ¿En dónde se encuentran las Provincias del Atlántico?

____

____

____

2. ¿Qué industrias crecieron gracias a la pesca, durante el siglo XIX?

____

____

____

Estrategia de vocabulario

La palabra *marítimo* se deriva de la raíz latina *mare*. Esta raíz significa "mar". Ahora que lo sabes, explica por qué las Provincias del Atlántico a veces se les llaman Provincias Marítimas.

____

____

____

✓ Verifica tu lectura

¿Por qué el gobierno limitó primero y luego prohibió la pesca de bacalao?

____

____

____

Términos clave

marítimo *adj.* relacionado con la navegación o la transportación por mar

acuicultura *s.* cultivo de peces o plantas acuáticas

La **aurora boreal** deriva su nombre de los vocablos latinos que significan amanecer y norte. También se les ha llamado luces del norte. Esta hermosa escena puede admirarse en todo el territorio norte de Canadá.

El extremo norte

Además de las provincias que has conocido en otras secciones, Canadá tiene tres territorios. Son los Territorios del Noroeste, el Territorio del Yukón y Nunavut. Estos territorios componen más de un tercio de la superficie de Canadá. Se extienden muy al norte, hasta el océano Ártico. Menos de uno por ciento de la población de Canadá vive ahí. Esto se debe, principalmente, al terreno escabroso y el clima extremo.

Casi la mitad de la población de los Territorios del Noroeste está compuesta de pueblos indígenas. En Nunavut, los inuit componen 85 por ciento de la población. Sólo 14 por ciento de la población del Yukón consiste en pueblos nativos. El resto de la población desciende de europeos u otras etnias.

El contacto con los europeos y la tecnología ha cambiado el estilo de vida de los pueblos indígenas. Hoy en día, los cazadores inuit cruzan las heladas tierras en motos para la nieve en vez de trineos tirados por perros.

Término clave

aurora boreal *s.* coloridas franjas de luz visibles en el cielo del Hemisferio Norte

---

Estrategia de vocabulario

Ya sabes que *territorio* se deriva de la palabra latina que significa "tierra". En el párrafo entre corchete hay otra palabra que procede del mismo vocablo latino. Enciérrala en un círculo y luego usa los siguientes espacios para escribir lo que crees que significa.

____

____

✓ Verifica tu lectura

¿Qué porcentaje de la población de Nunavut es inuit?

____

____

____

El gobierno de los Territorios del Norte difiere del resto de Canadá. Cada territorio tiene una legislatura propia, igual que en otras provincias. Sin embargo, el gobierno federal tiene un poco más de control sobre los territorios. Los territorios controlan intereses locales, como la educación. Pero el gobierno federal controla otras áreas como los recursos naturales.

Formación de nuevos territorios

Todas las tierras del norte de Canadá solían ser un enorme territorio llamado Territorios del Noroeste. Con el tiempo, se dividieron en tres territorios diferentes.

Muchas personas han oído hablar de la Fiebre del Oro del Klondike en el Territorio del Yukón. En 1896, se descubrió oro en un brazo del río Klondike. Miles de mineros invadieron la región. En 1898, una ley del Parlamento convirtió al Yukón en un territorio independiente. A fines de 1898, la fiebre comenzó a ceder. La población disminuyó rápidamente. ☑

Nunavut se convirtió en el tercer territorio canadiense en 1999. De esta forma se hacía realidad el sueño de los inuit de gobernarse a sí mismos. La palabra, Nunavut, significa "nuestra tierra" en lengua inuktitut. ☑

Se construyó una nueva capital, Iqaluit. La construcción creó muchos empleos. Pero Nunavut enfrenta grandes desafíos. Sus dirigentes deben esforzarse por fortalecer la economía. El área ya cuenta con servicios de Internet, televisión y telefonía celular. Esa modernización podría ser el primer paso en el camino del éxito.

Preguntas de repaso

1. ¿Por qué pocas personas viven en los territorios de Canadá?

____

____

____

2. ¿Cuál es el territorio más reciente de Canadá?

____

____

____

---

1. Muchos canadienses franceses desean que ______________ se convierta en una nación independiente.
   A. Ottawa
   B. Toronto
   C. Quebec
   D. Montreal

2. Las Provincias de las Praderas se localizan en
   A. los Grandes Lagos.
   B. los Territorios del Norte.
   C. la pradera más grande del mundo.
   D. Columbia Británica.

3. Debido a su ubicación, Columbia Británica
   A. está más cerca de Irlanda que de Nueva York.
   B. está vinculada con la Cuenca del Pacífico.
   C. es más británica que canadiense.
   D. es la única provincia que no experimentó la fiebre del oro.

4. La economía de las Provincias del Atlántico depende de
   A. su petróleo.
   B. el trigo.
   C. el mar.
   D. las artesanías.

5. Los Territorios del Norte tienen
   A. clima templado.
   B. una gran población de pueblos indígenas.
   C. el control de sus recursos.
   D. poco acceso a la tecnología.

Pregunta de respuesta corta

¿Cuál fue la importancia del búfalo para los pueblos indígenas de las Provincias de las Praderas?

____

____

____

____

____